JN409410

사랑

윤다솜 두 번째 수필집

차례

2장 만나며

3장 바라보며

4장 사랑하며

5장 생각하며

6장 반짝이며

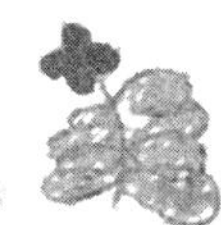

작가의 말

저는 좀처럼 사진을 찍지 않습니다. 불과 몇 년 전만 해도 친구들이나 가족들과 여행을 가면 그 추억을 사진으로 남기려고 했지만 중학교 졸업 여행으로 간 말레이시아에서 생각이 바뀌었습니다.

말레이시아에서의 마지막 날 밤, 반딧불 공원을 가게 되었고, 생명력이 담긴 빛의 모습은 정말 아름다웠습니다.

하지만 반딧불의 약한 빛은 카메라 화면에 나오지 않았고 몇 십번을 찍어도 마찬가지였습니다.

그때 깨달았습니다. 사진으론 내가 느끼는 자연경관의 아름다움과 많은 감정들을 남길 수 없다는 것을. 그날 숙소로 돌아와 반짝거리던 반딧불을 글로 남기며 아쉬움도 함께 적어놓았습니다. 제가 느끼는 모든 감정과 경험은 글로 새겨 넣었을 때 비로소 영영 남겨진다는 것을 느꼈습니다.

그렇게 글을 쓰기 시작했고, 어느새 저는 교복을 벗고 성인이 됐습니다. 때때로 당시에 갖았던 마음가짐으로 글을 쓰고 있는지 제 스스로에게 질문을 던질 때가 있습니다. 그 질문 앞에선 이렇게 두 번째 책을 낸다는 것이 부끄럽기도 합니다.

하지만 앞으로도 제가 보고, 느끼고, 사랑하는 모든 것들을 글로 남기면서 그렇게 살고 싶습니다.

글로 인생을 담는 사람이 되고 싶습니다.

1장
느끼며

우리와 너

며칠 전 어머니가 금붕어를 사왔다. 3마리였는데 어류는 보는 것도 먹는 것도 질색인 터라 하루에도 몇 번씩 어항이 놓인 자리를 지나가도 눈길 한 번 주지 않았다. 동생이 지나가는 말로 "한 명이 유독 못 어울리네."라고 말하지 않았으면 자세히 들여다보지도 않았을 것이다. 수초와 모래, 작은 집까지 있어 나름 구색이 맞지만 사람의 눈에는 작은 어항에 불과하다. 그 안에 겨우 세 마리의 물고기가 살고 있고 서로의 친함이 존재해 패가 갈린다니 우스웠다.

근데 그 우스움이 작은 물고기에게는 그러지 못했나 보다. 소외된 물고기는 그 얘기를 들은 십 여일 후 어항 바닥으로 가라앉았다. 어머니와 동생이 호들갑을 떨었지만 그동안 별다른 애정을 쌓지 못한 나는 그저 기분이 안 좋았다. 가라앉은 작은 물고기의 모습이 우리 사회의 '너'와 같았기 때문이다.

우습게도 아니 작은 물고기에게는 우습지 않은 세계였겠지만 나의 눈에 작디작았던 어항은 사회의 축소판이었다. 그 안에는 나름대로 공동체가 있었고 '우리'와 '너'가 존재했다. 여기서 말하는 '우리'와 '너'의 의미를 이해하려면 나의 학창시절 얘기로 잠시 건너가야 한다. '왕따'라는 단어가 등장하기 전에도 왕따는 존재했다. 내가 초 · 중 · 고등학교를 다닐 때도 새 학년이 시작될 때면 어김없이 한 반 구성원 모두의 놀림감이 되거나 무시를 당하는 소수의 아이들이 생겨나곤 했다.

중2 무렵, 점심시간을 앞둔 체육시간이었다. 당시 나는 운동을 했고 친구들과 어울리는 시간이 부족했다. 왕따는 아니였지만 분명 은따(은근히 따돌림을 받는 학생을 지칭한다.)정도는 됐을 것이다. 체육시간에 여자들끼리 편을 정해 발야구를 하게 했는데 대표로 나온 애들이 가위, 바위, 보를 해 한 명씩 자신의 팀으로 데리고 가는 방식이었다.

이윽고 팀을 나누기 시작했고 한 명씩 뽑힐 때마다 초조해졌다. 이긴 친구가 남아있는 아이들을 훑어 볼 때마다 내 가슴은 두근두근 주체할 수 없이 떨려왔다. 다음은 나일까? 그 다음은 내가 될까?

결국 서너 명이 남아있을 때 나의 이름이 불려 졌고 안심했다. 팀을 정하는 방식이 매우 부당하다고 느꼈지만 그날 나는 내 뒤에 남은 서너 명의 친구를 보며 진심으로 안도했다. 당시에 나는 '우리'에 내가 속했다는 사실에 만족했고 끝까지 남은 한 친구를 보며 서로 데리고 가길 주저하는 친구들의 모습과 함께 그들의 공범이 됐다. 끝까지 남은 친구는 집안이 가난하여 항상 꾀죄죄한 모습으로 학교를 다니던 친구였다.

공동체 내부에서 폭력을 막기 위한 최선의 방법은 모두가 합심하여 하나의 희생양을 정하는 것이라고 프랑스의 문학 평론가 르네 지라르는 냉소적으로 말했다.

즉 공동체 구성원들이 '우리'라는 범주 안에서 더욱 단단한 결속감을 다지기 위해 하나의 약한 대상을 정해 폭력을 휘두른다는 것이다.

우리 안에 속하지 못한 '너'를 통해 사회가 안정과 질서를 유지하게 된다니. 말도 안 된다고 느낄 수 있겠지만 현실이 그러하다. 학교와 군대 등 외부로부터 억압이 상대적으로 더한 공간에서 따돌림이 주로 나타나는 것은 우연이 아니다.

집단에서 아주 조금 달랐을 뿐이다. 집안이 가난해 좀 꾀죄죄했지만 그렇다고 성격이 모난 것도 아니었다. 꼬리가 조금 잘렸지만 다른 곳이 이상하지도 않았다고 했다. 체육시간에 공범이 됐던 나도, 좁은 어항의 주황색 생명체들도 다르지 않다. 아주 조금 달랐을 뿐이다.

하지만 가해자들의 심성 등 개인적인 측면에서만의 문제는 아니라고 생각한다. '나'와 다른 남을 용납하지 않고 획일화된 '우리' 안에 속해야만 자신의 정체성을 확인할 수 있는 사회. 구조적인 문제부터 다가가는 것이 아니라 가해학생들에게만 돌을 던지는 사회. 그 사회의 문제이고 우리의 자화상이다.

새로운 가족

지금은 고인이 된 박완서 작가의 '그 여자네 집'에 보면 주인공 만득이가 노년에 접어들어도 잊지 못하는 그리움의 종착지로 곱단이라는 여자가 나온다. 소설에서 곱단이는 함박눈이 내리면 살포시 앉아서 쉴 만큼 길고 예쁜 속눈썹을 가진 여자였다. 몇 년 전의 읽었던 짧은 단편 소설이었지만 그 당시 곱단이의 속눈썹 묘사가 너무 아름다워서 내 기억 속에 오랫동안 남아 있었다. 요즘 시골길에서 만나는 아이들 중에는 나로 하여금 어여쁜 곱단이를 연상케하는 아이들이 많다.

올망졸망한 눈망울을 가진 그 나잇대의 아이들이 귀엽고 사랑스러운 건 당연한 이치지만 유독 눈에 띄게 예쁜 외모를 한 아이들이 부쩍 늘었다. 내가 여기서 말하는 눈에 띄는 외모란 소설 속 곱단이처럼 길고 예쁜 속눈썹을 가질 뿐만 아니라 한국의 아이들과는 조금 다른 생김새'를 가진 아이들을 말하는 것이다. 시골길에서 만나는 그 특별한 아이들이 한국사회에서 코시안(한국인과 아시아인 사이에서 태어난 2세 또는 아시아 이주 노동자의 자녀를 일컫는 말)이라고 불리는 혼혈아들이다. 한국전쟁이후 미군기지 주변의 유흥가를 중심으로 태어난 아이들이 바로 우리나라 혼혈 1세대들이다. 그 후 한국 경제가 한강의 기적이라고 불릴만큼 비약적인 성장을 거두면서 외국의 노동자들이 돈을 벌러 한국행을 택하기 시작했고, 이촌향도의 현상이 갈수록 심각해지면서 시골의 총각들이 장가를 가지 못하는 일이 벌어지기 시작했다. 이에 한국과 가까이에 접한 아시아 여성들과 우리나라 농촌 총각들의 국제결혼이 성행하기 시작하면서 혼혈2세대라고 불리는 다문화 가정아들이 더욱 더 늘어났다.

실제로 한국 남성 100명 가운데 30명이 지난해 외국인 신부를 맞이했고, 인구 조사 결과 우리나라 인구의 2%가 외국인이라고 한다. 하지만 늘어난 외국인의 수만큼 우리나라의 외국인 복지와 외국인을 바라보는 사회적 시각이 좋아진 것은 아니다. 대다수의 우리 국민들은 우리 국적을 가진 혼혈아들을 이방인이라 생각하고, 우리나라에 들어와 있는 외국인 근로자들에게 잘못된 언행과 비인격적 대우를 하기도 한다. 국가인권위원회가 조사한 결과, 국내 거주 혼혈인의 42.2%가 교육, 고용, 혼인에 있어서 피부색등으로 인한 지속적인 차별로 자살을 시도한 경험이 있다고 한다. 어느덧 동아시아의 중심지로 세계화 사회를 주도하는 한국의 이면적 모습이라고 할 수 있다.

한국에서 생활하고 있는 많은 수의 외국인들과 혼혈아들이 느끼는 사회적 차별과 소외감에 관한 뉴스와 글을 접하면 나 또한 씁쓸해지기는 마찬가지이다. 만약 내가 경험해 보지 못했다면 나는 안타까운 마음에 '그들에게 편견과 차별을 두지 말고 우리의 이웃과 가족으로 생각하자'라고 당장에 주장 했을지도 모른다. 하지만 나 또한 처음에는 낯설었기에 한편으론 이해가 되면서 더욱 안타깝다.

낯설었던 나의 작은 엄마이야기를 시작하려면 5년 전으로 거슬러 올라가야한다. 그 당시 첫째 삼촌은 늦게까지 장가를 못 간 상태였고, 결국 국제결혼을 단행하게 된 삼촌의 나이는 당시 38세였다. 첫째 삼촌은 서른여덟에 결혼을 하게 되었고, 나는 외국인 작은 엄마가 생겼다. 내 생의 첫 외국인 가족이 생긴 셈이었다. 우리나라와 그다지 멀지 않은 중국에서 온 작은엄마는, 나에게 많은 것을 새삼 느끼게 해주었다. 한 나라 안에서도 다양한 언어와 문화가 생기기 마련이다. 중국과 우리나라가 가깝다 한들 문화, 언어, 종교의 차이는 분명 존재했다.

당시에 작은 엄마는 나에게 가까이 하기에는 너무 먼 존재였다. 내가 기억하는 작은 엄마와의 첫 대화는 기초 중국어 회화의 문장이었다. 그 대화도 처음 만남에서 건넨 것이 아니었다. 몇 번 얼굴을 익히고 나서 할까 말까 고민하다가 어렵사리 꺼낸 말이었다.

“니 츨 판러마(밥 먹었습니까?)”

“츨 러(당연하지)”나의 질문에 웃으면서 대답을 해준 작은 엄마에 게 고마움은 느꼈다. 이 짧은 문장은 중국어를 처음 배우는 학생들이라면 누구나 거쳐 가는 기초회화였다. 하지만 밥은 먹었냐는 간단한 질문을 하려고 몇 번이고 머릿속에서 문장을 되새겼다. 그 이후에도 종종 학교에서 배운 중국어를 이용해서 작은 엄마와 대화를 시도했지만 쉽지 않았다. 다른 나라 사람과 가족이 되는 건 언어뿐만이 아니라 음식과 명절 문화 등 사소한 것도 다르기에 많은 불편을 감수해야 한다는 것을 그때 많이 느꼈다.

그렇게 1년이 가고, 2년이 가고, 5년이 지났다. 이제 작은 엄마는 사투리가 심해서 종종 나도 잘 알아듣지 못하는 할머니의 말은 물론이거니와 제사상을 준비하는 일에서부터 차리는 일까지 크고 작은 일들을 모두 잘 해내신다.

물론 처음엔 작은 엄마도, 우리 가족도 모두 조금은불편했다. 하지만 작은 엄마는 한국의 문화와 조금 다른 문화를 가지고, 조금 다른 언어를 쓰는 가족이었을 뿐이었다.

1970년대, 박정희 대통령은 한국 사회의 빠른 발전을 위한 공동체 정신을 기르고자 ‘단일민족’ 의식을 퍼트렸다. 그 덕에 우리나라는 단결 되었고, 경제는 비약적으로 발전되었다. 21세기는 세계화 시대이고, 우리나라는 그 중심에 서 있다. 앞으로도 더욱 많은 외국인들이 우리 나라에 귀화할 것이고, 혼혈아들은 우리 사회를 이끌어가는 계층으로 자리 잡을 것이다.

이런 추세에 발을 맞추지 못하고 아직까지 민족과 국적에 연연하는 것은 분명 시대착오적 발상일 것이다. 1970년대의 경제 발전이 '단일민족'이라는 공동체 의식이 한 몫을 했다면 앞으로는'다민족 국가'라는 세계 시민 의식을 필요로 하는 단계라고 생각한다.

작은 엄마와 내가 그랬던 것처럼 처음에는 우리 모두 '니 츨판러마'로 시작하자. 서로를 배려하고 있다는 작은 마음이 전해지면 분명 머지않아 '가족'이 될 수 있을 것이다.

Left is right?

'Left is right?'는 미국의 관광지에서 종종 발견할 수 있는 간판문구다. '왼쪽(좌익)이 옳다' '왼쪽은 오른쪽이다'등 여러 가지 말장난으로 해석 할 수 있지만 사실 왼손잡이를 위한 상품들을 모아 판매하는 상점의 브랜드다. 상점 안에는 반대방향으로 도는 시계, 오른손목에 차는 손목시계, 왼손잡이용 가위 등 온통 왼손잡이를 위한 상품들로 가득 차 있다. 심지어 상점 입구의 출입문 손잡이도 반대쪽에 달려있다고 하니 조금 재밌다.

한국은 오랫동안 오른손을 '바른손'이라고 인식해 왔다. 왼손잡이 자녀들은 어려서부터 강제로 오른손잡이로 만들려는 부모들의 노력에 시달려야 했다. 그것은 한국뿐만 아니라 중세 유럽에서 오늘날의 이르기까지 세계 거의 모든 문화권에서 동일하게 나타나는 관습이기도 하다.

어린아이의 왼손을 묶어놓고 오른손으로 밥을 먹게 하는 풍경이 전 세계적으로 동일하게 있었다는 사실이 21세기를 살아가는 나에겐 다소 충격적이다. 영어에서도 'right'는 '오른쪽'과 '옳다'라는 두 가지 의미로 사용된다. 서구에서는 중세 때부터 왼손을 '악마의 손'이라고 불경시했다는 기록이 전해진다. 결투가 일상화된 중세유럽에서 맞춤무기를 제작할 수 없었던 가난한 왼손잡이 기사들의 고민도 컸다고 한다.

세상에 존재하는 물건들은 대부분 오른손잡이를 위해 만들어졌다. 10%에 불과한 왼손잡이들은 문을 열 때도, 글을 쓸 때도, 책을 읽을 때도, 가위질을 하거나 단추를 끼울 때도 불편할 수밖에 없다. 그래서 왼손잡이에 대한 배려 수준을 장애인, 동성애자의 경우와 마찬가지로 사회적 소수자들에 대한 한 사회의 전반적인 태도와 인식 수준을 나타내는 척도라고 한다.

1995년, 이적이 소속된 그룹 패닉의 1집에는 '왼손잡이'라는 노래가 있다. 이적이 '나는 왼손잡이야'를 외치며 노래 불렀던 것은 비장애인인 사람들이 장애인을 동정과 배려의 시선으로 바라보는 것이 아니라 비장애인들과 함께 행동하고 일하고 살아갈 수 있는 환경을 원한다고 생각했기 때문이다. '다르지 않다'라는 사실을 증명할 수 있는 사회적 분위기를 바라는 것이다. 패닉의 가사는 한국사회의 많은 소수자 혹은 약자들이 편견 속에서 고통 받고 있음을 말한다. 여기서 '왼손잡이'는 하나의 상징일 뿐이다.

방송매체를 포함하여 한국인들 대부분이 혼동하거나 잘못 쓰고 있는 어휘가 있다. 바로 '다르다'와 '틀리다'인데 '당신은 나와 생각이 틀리다'라고 말할 때, 사실은 '당신은 나와 생각이 다르다'라고 써야 되는 표현을 그렇게 말하는 것이 적지 않다. 그럼에도 불구하고 많은 사람들은 '틀리다'라고 말한다. 다수자들이 자신과 '다른'소수자들을 '틀렸다'고 생각할 때 그것은 무서운 사회적 폭력이 된다.

이제는 왼손잡이에 대한 곱지 않은 시선들이 많이 사라졌지만 아직도 대한민국의 많은 '왼손잡이'들은 자신들을 '틀렸다'라고 말하는 사회에 큰 상처와 아픔을 받고 있다. 다수가 아닌 소수에 사람들, 즉 '왼손잡이들'을 배려할 수 있는 사회가 진정 발전하는 사회가 아닐까라는 생각이 든다.

멍절

긴 명절 연휴를 끝내고 귀성길에 올랐다. 요즘은 스마트폰, TV, 라디오 등 매체의 발달로 확실히 교통체중이 줄어든 것 같다. 그래도 종종 정체 구간이 나타나기 마련이다. 차가 서행을 하면 무심코 옆 차선에서 우리 차와 같이 천천히 움직이는 차들을 본다. 차 안에 사람들의 표정이 보일 만큼 느린 속도로 가는 구간이 있으면, 가끔은 그 사람들의 표정을 살펴보기도 한다.

재밌게도 어떤 차는 웃음꽃이 활짝 핀 반면, 그렇지 않는 경우도 있다. 물론 정체된 고속도로를 보면 답답한 마음에 나오던 웃음도 사라질 때가 있지만 귀성길에 오른 차들의 삭막한 분위기는 그 때문은 아닐 것이다. 각가지 사연을 태우고 차는 움직인다. 차 안에는 그동안 일 때문에 바빴던 아버지, 일뿐만 아니라 가사를 담당하는 어머니, 학업이다 취업이다 바쁜 자식들이 있다. 그리고 그들은 오랜만에 만났을 것이다.

명절은 가족 간에 잠재되어 있던 관계의 문제를 한꺼번에 드러내는 시기이기 때문에 부부 사이의 작은 문제뿐 아니라 가족 간의 문제가 드러나기 때문에 갈등을 빚는다. 그동안 응축되었던 응어리가 명절을 계기로 폭발하는 것이다.

그 중 첫 번째는 과도한 가사노동에 있다. 국회 여성가족위원회 소속 민주당 인재근 의원이 여성가족부로부터 제출 받은 '2010년 제2차 가족실태조사'에 따르면 '명절에 주로 일하는 사람'을 묻는 질문에 '여자들이 주로 일 한다'는 응답이 62.3%로 나왔다. 다음으로 '며느리들이 주로'가 32.7% '남녀 같이'가 4.9%를 차지하였다. 또한 명절의 가사노동은 여성이 95%를 도맡아서 하며 남성보다 평균 19배 달한다고 한다.

두 번째는 정신적 노동이다. 많은 여성들이 육체적 노동은 참을 수 있지만 '정서적인 것, 마음, 정신적인 고통과 노동이 더 힘들다.'라는 말을 한다. 보통 명절 직후 가족 간에 고부갈등이 있는 경우에, 남편이 전혀 개입하지 않는다든지. 명절 때만 효자가 되려고 남편과 그에 발 맞춰 효부를 강요받는 느낌이 많이 든다고 한다.

세 번째론 고부갈등, 동서갈등이 아닌 장모와 사위간의 갈등, 장서갈등 또한 많아지는 추세라고 한다. 과거보다는 아무래도 딸 부부에 대한 장모의 개입도 많이 늘어나고 있고 이 때문에 고부갈등과 똑같은 양상으로 장서갈등이 발생된다고 한다.

이 같은 문제들 때문일까 해마다 명절을 쇠고 나면 제일 붐비는 곳 중의 하나가 바로 법원이라고 한다. 통계청이 발표한 최근 5년 간 이혼통계를 보면 명절 직후 이혼이 평소보다 약 12%나 급증했다고 한다. 지난해에도 추석이 끝나자마자 이혼건수가 한 800건 정도가 늘었다고 한다. 그래서 오죽하면 '멍절' 이라는 말까지 나오는 것이다. 과도한 가사노동으로, 가사노동보다 더 힘든 정신적 노동으로 우리네 명절이 멍들고 있다.

명절이 멍절이 안되는 가장 좋은 방법은 사전계획을 꼭 대화로 먼저 하는 것이다. 함께 계획을 세우면서 우리가 몇 시에는 어디에서 이렇게 하고, 어디로 이동을 하고, 어떻게 했으면 좋겠는지를 부부가 함께 모여서 이야기를 하는 것이다. 두 번째는 역할분담을 좀 분명하게 하고, 함께 일하고 함께 쉰다는 사고방식을 가져야 하는 것이다. 그리고 마지막으로 제일 중요한 것은 명절 끝내고 집으로 돌아오는 길에 차 안에서 꼭 해야 되는 얘기다. '여보, 고생 많았지. 많이 힘들었지. 고마워.'라는 말 한마디. 그것일 것이다.

안아 주세요

친구들과 같이 밥을 먹을 때였다. '어두운 밤길을 혼자 걷다보면, 무서운 생각을 많이 하게 된다.' 는 이야기였는데 그때 가만히 듣고 있던 친구 한명이 뜻밖에 얘기를 꺼냈다.

"너희는 성폭행 당할뻔한 적이 한 번도 없었어?"

친구는 그런 상황이 몇 번은 있었다는 듯이 말을 꺼냈고, 나는 놀래서 물었다.

"너는 그런 적이 있었어?"

"언제, 어디서?"

속사포로 질문을 꺼내는 나와 달리 차분하게 이야기를 꺼내는 친구는 담담해 보였다.

친구의 기억 속 이야기는 이러했다. 당시 초등학교 2학년이었던 친구는 일찍 학교에 들어가 또래보다 한 살 어렸다고 한다. 피아노학원을 마치고 집으로 가는 길에 웬 모르는 아저씨가 길을 물어 봤다고 한다. 친구는 별 의심 없이 길을 알려줬고, 그 아저씨는 잘 모르겠으니 같이 가 달라고 요구를 했다.

당시 어렸던 친구는 '같은 방향이니까' 라며 별 생각 없이 그 의심스런 사내와 동행을 했다. 하지만 이상한 낌새는 그때부터 시작됐다. 분명 모르는 길을 알려주며 같이 가는 건 친구였지만, 그 사내는 계속 친구를 어딘가로 끌고 가는 것 같은 행동을 보였다고 한다. 그때까지도 눈치를 못 챘지만, 그 사내가 자신의 집으로 보이는 아파트 입구로 친구를 끌고 가려는 모습에 비로소 이상함을 느꼈다고 한다.

그때부터 의심스런 사내에게 벗어나려고 했지만, 꽉 잡은 손을 놓지 않았다고 한다. 이미 아파트 복도를 지나고 있었고, 복도식아파트여서 친구는 온 힘을 다해 소리를 질렀다고 한다.

"이러지 마세요."

친구의 목소리가 복도에 크게 울리고, 사내의 집에 문이 열렸을 때, 친구를 보면서 사내는 크게 웃었다고 한다. 아주 오랫동안. 기회를 틈타 자신을 바라보며 계속 웃는 사내의 손을 뿌리치며 도망을 쳤다고 한다. 이야기를 듣는 내내 조마조마했다.

그리고 마지막에 무사히 집에 돌아갈 수 있었다는 얘기를 듣고 나도 모르게 큰 한숨을 쉬었다. 하지만 이야기를 해준 친구는 아직도 그 사내의 웃는 얼굴을 또렷이 기억 한다고 했다. 아마 그 웃음소리와 얼굴은 평생 기억에 남을 것 같다. 어릴 적 기억이지만 아직도 생생하다며 지금도 그 생각만 하면 치를 떤다고 했다.

그 친구가 해 준 또 다른 친구의 이야기는 더욱 더 소름끼쳤다. 이사를 온지 얼마 안 된 친구는 동네가 적응도 안되고, 길도 잘 모르던 때라고 한다. 밤늦게 학원이 끝나고 집으로 가던 길이었다. 모르는 남자가 길을 물어봤다고 한다. 대충 길을 알려준 친구에게 같이 차에 타고 가면서 알려주는 게 어떻겠냐고 물어봤고, 친구는 남자의 뒤로 얼핏 보이는 봉고차가 몹시 수상쩍어 보였다고 한다. 몇 차례 거부하는 모습에 남자는 본색을 드러내며 그 친구를 강제로 차에 태우려고 했고, 친구는 있는 힘을 다해 도망치려고 했다. 하지만 손목을 잡혀 차까지 끌려 갔고, 반항하는 친구의 얼굴과 몸을 구타했다고 한다.

오랜 몸싸움 끝에 다행히 남자의 손에서 도망칠 수 있었고, 온몸에 상처가 생겼다고 한다. 하지만 그 친구는 결국 가족에게도 그 날 일을 말할 수 없었다고 한다. 그날 몸에는 많은 상처를 입었지만 더 큰 건 마음의 상처였다고 한다. 이사를 온지 며칠 안 되서 적응도 안된 친구에게 그날의 기억은 씻을 수 없는 상처가 된 것이다.

한국 성폭력 상담소에서 2010년 보고된 자료에 의하면 성범죄율 1위가 미국, 2위가 스웨덴, 한국이 3위라고 한다. 또한 다른 나라보다 현저히 낮은 신고율로 인해 더 많은 피해자가 있을 것이라고 예상한다. 현재 한국에서 발생되는 성범죄중 신고되는 경우는 10% 미만 이라고 한다. 대부분의 피해자들이 신고를 꺼리는 이유는 대한민국의 뿌리 깊은 '남성중심적 사고'와 사회의 편견으로 인한 '두려움'때문이라고 한다. 또한 '강력하게 저항하지 않은 것도 잘못'이라는 말도 안 되는 이유를 들어 솜방망이 처벌을 했던 그간의 판례들로 인한 신뢰감 부족에 있다.

몇 년 전, 전 국민을 분노케 했던 '조두순 사건' 이후 여전히 횡행하는 성범죄에 대해 정부는 강력한 처벌을 내세웠지만, 정작 실천으로 옮기는 실행력은 부족한 것으로 보인다. 부족한 실행력은 대한민국 사회의 성범죄를 더욱 증가시키는 역할을 할뿐만 아니라, 상처 받은 피해자들에게 또 한번의 지워지지 않는 아픔을 주는 것이다.

앞으로의 대한민국 사회가 성범죄자에 대한 강력한 실행력은 물론 이거니와, 사회의 뿌리깊이 박혀 있는 편견 또한 없애야지만 아무에게도 말 못하고 혼자서 아파하는 피해자들을 수면위로 끌어올릴 수 있을 것이다.

친구들의 이야기를 들으면서 한 가지 느낀 것이 있다. 그들은 그 기억들을 잊지 않는 것이 아니라, 잊지 못한다는 것이다. 그리고 아마 그 기억은 평생 지워지지 않고 마음에 남을 것이다. 대한민국 사회가 피해자들의 지워지지 않는 상처를 안아 줄 수 있는 나라가, 더 나아가 그런 상처를 안고 사는 친구들이 없어지는 나라가 됐으면 좋겠다는 생각을 해 본다.

수신제가치국평천하(修身齊家治國平天下)

그날은 식탁에 앉아 혼자 밥을 먹고 있던 날이었다. 별안간 나에게 날벼락이 떨어졌다. 엄마 아빠의 대화가 열린 안방문 사이로 얼핏 들리기 시작했기 때문이다.

"다음 생에는 청소 잘하는 여자랑 결혼 해야겠어." 아빠의 잔소리 섞인 투정이었다. 엄마에게 장난 식으로 청소에 대해 태클을 거는 것이 아빠 나름의 귀여운 애교였다.

"아휴 빨리 당신한테 졸업해야겠어요." 이윽고 엄마의 반격이 들어왔다. 나는 재미난 라디오를 듣는 기분으로 엄마, 아빠 대화 소리에 귀를 귀울였다. "당신은 나한테 평생 졸업 못해." 아빠의 능글거리는 목소리가 들렸다.

"왜요 평생 F학점 주시게요." 엄마 아빠의 대화는 가히 충격적이었다. 두 분의 닭살스런 애정 행각을 한두번 본건 아니었지만 먹고 있던 밥알이 까끌해지는 기분이었다. 그 닭살 대화는 A학점을 주고도 남았기 때문이다.

엄마, 아빠는 주변에서도 알아주는 잉꼬부부다. 어렸을 적엔 세상 모든 부부가 엄마, 아빠처럼 사는 줄 알았다. 아침, 저녁으로 뽀뽀하고 포옹하고 다 그렇게 사는 줄 알았는데 중학교에 입학하고 처음 사귄 친구들과 이야기를 하면서 그게 아니라는 것을 느꼈다. 중학교 친구들과는 깊은 대화를 할 때가 종종 있었는데 그때마다 친구들의 가정사를 들을 수 있었다. 부모님 사이가 좋지 않은 친구가 많았다. 친구들과 대화를 할 때마다 나는 우리집 이야기를 할 수 없었다. 그리고 그때 처음으로 당연하다고만 생각했던 부모님의 금슬에 감사해졌다.

얼마 전, 내 눈길을 끈 기사가 있었는데 내용인즉 한국이 OECD 국가 중 이혼율이 1위라는 것이다. 가족해체 현상이 급속화되면서 요즘은 황혼 이혼마저 증가 추세라고 한다. 이 같이 높은 이혼율은 버려지는 아이들을 만드는 요인이 되었다. 한국에 버려지는 아이들은 한 해 1만 명이라고 한다. 이는 하루에 27.6명꼴로 아이들이 버림받고 있다는 얘기다.

10쌍의 신혼부부가 평생을 약속하면서 맹세의 서약을 하면, 그 서약의 잉크가 채 마르기도 전에 이혼을 하는 부부가 4쌍이 된다니 충격적이지 않을 수 없다. 결혼 한 두명 중 한명이 이혼을 하게 되는 시대도 머지않은 것 같다. 그렇다면 왜 이렇게 한국의 이혼율이 증가한 것 일까? 통계청이 발표한 '우리나라 부부탐구 생활'에 의하면 우리나라에서 이혼하는 부부의 이유론 성격차이가 46.6%로 가장 높다고 한다.

그리고 그 뒤를 이어서 경제 문제가 따라 온다고 한다. 현대사회로 들어서면서 여성의 경제적 지위가 높아졌고 그만큼 맞벌이 부부가 늘어났다. 맞벌이 부부의 증가 또한 이혼율의 촉진제 역할을 했다. 이혼하는 부부가 있으면 그 뒤엔 상처받은 자식이 있다. 부모님의 불화와 이혼은 어린 자녀들에게 크나큰 상처로 남을 것이다. 지금껏 사겼던 친구중에는 이혼한 부모님 밑에서 자란 친구가 몇 명 있었는데 같이 사는 부모님이 아닌 보지 못하는 다른 한 쪽의 부모에 대해 그리워 하는 모습을 종종 보았다.

우리 사회는 산업화가 진행되면서 가족 해체 현상이 급격히 증가했다. 가족 해체 현상이란 가족으로서의 조화나 통일이 파괴되어 가정 생활을 목표 달성이 어려워지고 가족 구성원의 생활 욕구가 충족되지 못하거나 대사회적 기능장애가 나타나는 것을 말한다. 개인의 가치와 개인의 욕구가 중요시 되는 현대사회에서 개인을 어떤 집단보다 중요시하는 사회적 분위기가 조장됐고 이는 전통적 가족이데올로기의 붕괴, 즉 가족의 개념을 약화 시키는 현상을 낳았다.

공자와 제자들이 말하고 실천한 유교의 중요한 도덕이고 실천덕목 중에는 '수신제가치국평천하(修身齊家治國平天下)'라는 말이 있다. 자신의 몸을 닦고 가정을 가지런히 하고 나라를 다스리면 천하가 태평하다는 소리다. 이것을 현대적인 관점에서 볼 때 자신을 이해하면서 가족이 서로 소통하며 조화롭고 아껴주는 환경을 만들면 가족 나아가 국가가 태평할 수 있다는 것이다. 나라의 시작은 가정에서 부터이다. 빠르게 증가하고 있는 이혼율을 바라 보면서 쉽게 사귀고, 쉽게 결혼하는 요즘의 결혼 행태가 안타깝기만 하다.

충격적인 닭살 발언을 한 부모님이 자랑스러운 것은 그런 이유 때문일 것이다. 우리 사회의 잉꼬부부가 늘어나기를 소망해 본다.

행복한 여자

"여자라서 행복해요~"

당대 내로라는 여배우들이 모 유명 브랜드의 냉장고를 끌어안으며 했던 대사이다. 이 대사는 유행어처럼 번져 무수한 패러디를 낳았고 일상생활에서 자주 쓰이기도 했다. 그때는 아무 생각 없이 흘려들었던 말인데 다시금 생각해보니 참 재밌다. '냉장고'라는 가전제품 하나 의 여자라서 행복함을 느낀다? 여자라서 행복할 일이 얼마나 없었으면 새 냉장고 하나로 행복하다고 말하는 것일까?

2002년 영국의 심리학자 로스웰과 인생 상담사 코언은 '행복지수'라는 공식을 발표했다. 더 없이 추상적인 개념이라고 믿어져왔던 행복을 계량화시키는 방법은 예상보다 간단했다. 개인적 특성보다 건강, 돈, 인간 관계같은 생존조건을 5배정도 더 중요하게 치고, 또 야망, 자존심, 기대감이나 유머 같은 고차원의 상태를 그보다 더 중요하게 계산한다. 그 결과 세계에서 가장 행복감을 느끼는 국민을 둔 국가는, 미국이나 일본, 프랑스 같은 이른바 선진국이 아니었다. 북유럽처럼 훌륭한 사회보장제도를 갖춘 나라의 시민들도 결코 행복하지 않았다. 세상에서 가장 행복지수가 높은 곳은 놀랍게도 세계 최빈국 중 하나인 방글라데시였다.

이런 결과는 처음이 아니라고 한다. 그보다 몇 해 전, 런던경제대학에서 조사한 바에 따르면 현실에 대한 만족도가 가장 높은 곳은 방글라데시아, 아제르바이잔, 나이지리아의 순서였다. GNP(국민총생산)나 GDP(국내총생산)와 행복은, 아무런 상관관계가 없는 것이다.

가난한 나라 사람들이 더 행복한 이유는, 무엇보다 인간이 너무 쉽게 더 좋은 것에 적응을 해버리는 존재이기 때문이다. 몹시 더운 날 부채밖에 없을 때는 선풍기의 바람에 감지덕지하지만, 곧 에어컨이 생기면 이내 선풍기의 힘이 아무것도 아님을 알게 된다. 행복은 자연스레, 또 아주 조용히 우리 곁을 지나가는 것이다.

새 냉장고에 행복한 여자는, 얼마 안가 옆집여자가 산 신상 냉장고에 불행해 한다는 것이다. 물질적인 것으로 행복함을 느낀다는 것이 얼마나 덧없음을 잘 보여주는 조사이다.

전 세계 인구는 육십억이다. 그 육십억의 명의 인생목표는 각자 다 다르겠지만, 결국 우리 모두는 각각의 방식 안에서 행복해지기 위해 산다. 행복이 마음의 문제라면, 그것은 곧 자기 앞에 놓인 생을 어떻게 받아들이느냐의 문제일 터다. 여자이기 때문에 행복하다, 새 냉장고가 여자의 행복이 아니라 오래된 냉장고여도 가족들이 즐거운 저녁 시간을 보낼 수 있다는 것에 행복함을 느낄 때, 진정으로 대한민국 여자들의 행복지수가 높아지는 게 아닐까?

2장
만나며

문학의 삶

우리는 살아가면서 수많은 경험을 하지만 이 세상의 모든 경험을 다하고 살 수는 없다. 그래서 우리는 문학을 창조하거나 다른 만남으로서 다른 세계와 손을 잡게 된다. 문학과 소통한다는 것은 다른 세상에서 살고 있는 또 다른 나와 이야기를 하는 것일지도 모른다. 그럼에도 불구하고 우리는 여전히 문학과 멀찍이 떨어져서 쉽사리 손을 뻗지 못하고 있다. 어쩌면 우리가 문학을 단어 몇 개로 너무나 쉽게 정의해버리는 참고서 같은 글들에 익숙해졌기 때문이 아닐까.

어느 책 한권을 집게 되었다. 책은 제목 그대로 문학의 숲을 거니는 방법을 알려주었다. 어떤 길을 선택하더라도 나무가 아닌 숲 전체의 생명력을 느낄 수 있게 하는 것. 그것이 이 책의 가장 큰 매력이었다.

책은 우리의 삶 속에 문학은 수 없이 많이 피어있다고 말한다. 책에서 가장 기억이 남는 이야기는 '하면 된다'라는 글이었다. 우리 집 가훈이기도 한 문장인데 아무리 애를 써도 층계 하나 제대로 올라갈 수 없는 하반신 장애를 가진 작가는 한 학생에게 '하면 된다'라고 쓰인 자갈돌을 선물 받는다.

누군가의 도움이 없이는 불가능한 일이 많은 세상에서 '하면 된다'는 '할 수 없는'이에게는 위압감과 자괴감을, '할 수 있는'사람에게는 자기 합리화나 자만을 불러일으킨다. 모두가 이상을 펼치기엔 역부족인 세상에서 '하면 된다'는 조롱섞인 비웃음이 될 수도 있지만, 작가는 그 자갈돌을 버리지 않는다.

아무리 노력해도 안 되는 사람을 옆에서 붙들어주고 업어주는 그럼 마음이 있는 한, 모든 사람의 노력이 헛되지 않고 '하면 되는' 사회가 곧 오리라는 믿음을 가지고 있기 때문이다. 아마 문학도 이런 것이 아닐까? 현실에서는 이룰 수 없는 일을 문학을 통해서는 이룰 수 있기 때문에 인간을 끊임없이 문학을 동경하며 창조하고 싶어 하는지도 모르겠다. 혼자서는 아무리 노력을 해봐도 이룰 수 없는 이상을 문학이 우리를 붙들어주고 업어주는 것이다.

우리는 종종 글재주가 뛰어난 사람들을 존경하곤 한다. 그들의 글 안에서 스스로를 되돌아 보기도 하고, 과거를 회상하거나 미래를 그려보기도 한다. 그렇지만 누군가가 말했듯이 우린 항상 가장 중요한 것을 잊고 사는 것 같다. 현재를 살아가는 지금 우리의 발자취가 전부 시가 되고 글이 될 수 있는데도 불구하고 자신의 인생에 대해서는 늘 과소평가를 하곤 한다.

우리는 모두 각자가 맡은 삶을 지금껏 써오고 있다. 가끔은 맞춤법도 틀리고 지워버리고 싶은 이야기들도 있을 것이다. 글재주가 없어서 난처하거나 탄탄대로를 달리는 타인의 삶이 부럽기만 할 때도 있다. 하지만 그건 중요하지 않다. 우리는 보여주기 위한 삶을 살아가고 있는 것이 아니니까. 화려한 조명등 아래에서 갈고 닦아진 문학보다도 단 한 사람을 위한 가로등 아래에서 서툴게 쓰이고 있는 우리의 삶이 더 빛나고 있다는 것을 항상 기억하고 있어야 할 것이다.

문학에 다가가는 것은 결코 쉬운 일이 아니다. 특히 가슴으로 느껴보지 못하고 시험을 위해 죽어버린 글들을 머리에 억지로 집어넣고 있는 현실 속에서 꿈만 같은 일이다. 하지만 아주 가끔은 정말 읽어보고 싶었던 책들을 하루종이 읽어보는 것도 결코 시간 낭비는 아닐 것이다. 머리를 차갑게 하는 데에만 시간을 쏟을 것이 아니라 가슴을 뜨겁게 만드는 데에도 정성을 기울여야 할 것이다. 얼마 후면 새로운 해를 맞이하는 우리를 위해서라도 말이다.

느림법

때는 서기 2048년, 한국은 위기에 봉착했다. 한국 사람들은 난치병을 앓고 있었고, 그 병은 빠르게 전염되어 이미 한국 전역으로 무섭게 퍼져나가 전국을 꿀꺽 삼켜버리기에 이르렀다. 특별한 치료법이 없는, 하지만 전염성과 후유증은 상상을 초월하는 이 병을 수많은 연구기관에서 연구하고 실험했지만 별다른 대책을 발견하지 못했다. 그 병의 이름은 '빨리병'.

이 병의 증상은 처음엔 그저 약간 성격이 급해지는 정도였지만 나날이 발전하여 무시무시한 지경에 이르렀다. 우선 처음은 기다릴 수 없게 된다. 1분도 채 지나지 않았는데도 초조하고, 불안하며 짜증이 치민다. 가정엔 부엌이 사라지고, 패스트 푸드점들은 무섭게 증식했다. 차의 시속이 200km/s이상으로 빨라지고 걷지 못하게 된다. 언제나 사람들은 달리고 있고 '빨리', '급해'를 연발한다. 싸움이 잦아지고 너무 느리다고 서로를 죽이는 범죄가 급증하고, 사람들의 얼굴엔 표정이 없어진다. 공원들이 하나 둘 사라져가고 여가시설이 폐쇄되어가자 정부는 이 병의 심각성을 깨닫고 새로운 정책을 발표하기에 이르렀다.

일명 느림법! 너무나 지나치게 빨라져버린 세상의 시계를 돌려놓기 위한 정책이었다. 새로 등장한 느림법과 느림정부는 가혹하기까지 한 정책을 편다. 사람들은 1분에 10보 이상 걸어서는 안 된다. 음식을 먹을 때는 1시간 이상 먹지 않으면 안 되며, 하루에 30분 이상씩 공원을 산책하거나 여가생활을 즐겨야하며, 말의 속도도 한 문장을 말하는데 5분씩은 여유를 두어야 한다.

그 밖에도 모든 것을 느리게 바꾸는 이 정책 때문에 사람들은 굉장한 스트레스에 시달렸고 정부는 이 법을 어기는 사람들을 정도와 횟수에 따라 가혹하게 처벌했다. 교도소의 숫자는 급증했고 인구는 줄어들기 시작했다. 이 병을 이겨내는 사람들이 너무나 극소수였기 때문에 느림법의 실시 후에 사람들은 끊임없이 죽어갔다. 화병, 울화병, 고혈압.. 병명은 가지가지였고, 도시는 횅해지고 조용해졌다.

결국 이 정책은 2년도 채 되지 못해 중단되었고 느림정부는 사라졌다. 하지만 사람들은 그동안 자신들을 짓누르던 압박을 떨쳐버리지 못했고, 세상은 느려졌다. 자꾸만 느려졌다. 처음에는 너무 느려진 도시에서 활기란 찾아 볼 수 없었다. 하지만 그 효과는 서서히 나타났다. 여유가 생겼고, 사람들은 하루에 한 번 이상은 하늘을 쳐다보게 되었다. 공원은 산책을 하는 사람들로 붐비기 시작했고, 사람들의 얼굴엔 표정이 생겨났다. 빨리 병은 점차 사라져서는 어느새 자취를 감추어 버렸다. 시작은 가혹했지만 결과는 한국을 크게 바꾸어 놓았고, 사람들의 삶에도 변화를 주었다.

느림이라는 단어는 이렇듯 세상을 바꾸어 놓는 힘이 있다. 하루 한 번 자신의 생활리듬을 변화시키려는 노력을 해 보는 것이 어떨까? 우리나라는 6.25전쟁이후 지구상에서 가장 가난한 민족 중 하나였다. 그런 대한민국을 빠르게 성장시킨 건 부지런한 대한민국 국민들의 힘이 컸지만 이제는 너무 빨라져버린 대한민국에서 '여유'는 좀처럼 찾아 볼 수 없다.

아침 일찍 일어나 서둘러 밥을 먹고 학교로 향한다. 0교시 자습을 시작으로 한 시간, 한 시간 수업을 듣다보면 어느새 해가 저무는 시간이다. 하지만 저마다 바삐 학원으로 독서실로 향하는 아이들을 보면 우리에게 '느림'은 허락되니 않는 것 같다. 빨리 빨리 병을 걸린 대한민국에서 모든지 느린 건 잘못된 것으로 받아들이기 때문에 학생들은 긴 영어지문을 누구보다 빨리 해석하기 위해 독해스킬을 연마하고, 직장인들은 빠른 일처리를 위해 서로를 재촉한다. 더 빠른 기술이 환영받고 사람들은 1~2년도 안 된 기계들을 바꾸곤 한다.

빠르게 흘러가는 하루 속에 눈을 감는다. 다시 눈을 뜬다. 1초의 시간이 흐른다. 빠르게 가는 시간만큼이나 빠르게 변해가는 이 세상에서 느리게 살아가는 것은 미학으로 떠오르고 있다. 하지만 '느림'이 삶을 살아가는데 있어 나침반이 되자고 말하는 것은 아니다. 느림보 거부이가 승자가 된다는 우화는, 성공을 쫓고 일에 쫓기는 현대인들에게 더 이상 신선하지 않기 때문이다. 요즘 세상에서 느리다는 것은 무한한 발전 속에서 도태되고 자신을 관리하지 않는 무기력한 인간을 의미하곤 때문이다.

하지만 빠른 흐름에 맞춰 바쁘게 살아가는 사람들은 어느 샌가 지쳐버리고 삶의 여유를 느낄 수 없는 사람이 되곤 한다. 무조건 앞만 보복 달리는 삶은 멈추지 않고 돌아가는 기계처럼 결국 부속품이 닳아 제 몫을 하지 못할 것이다. 삶을 살아감에 있어서 여유는 꼭 필요하다. 하지만 나태한 삶은 여유와 다른 의미이다. 지나친 여유는 우리의 생활을 늘어나버린 고무줄처럼 탄력이 없고 무미건조한 일상의 반복으로 만들 수 있다.

적당한 충격과 긴장은 우리를 지탱해 주는 버팀목이 된다. 비바람을 겪어보지 못한 온실 속 화초는 아무리 예뻐도 미완성 된 자연의 작품일 뿐이다. 충격에 긴장을 늦추지 않고 살아 온 들꽃은 영양제가 아닌 이슬 한 방울만 머금어도 자연의 아름다움을 화사하게 드러낸다. 생활 속 느림은 꼭 들꽃에게 뿌려지는 이슬 한 방울 같은 것이어야 한다.

지금 우리에게 필요한 '느림'은 느리게 살며 나태해지는 것이 아니라 주변을 돌아볼 수 있고 여유를 느낄 수 있는 그리고 추억을 만들 수 있는 그런 작은 쉼이다.

시간은 지금도 흐르고 있다. 지금 잠시만 고개를 들어 하늘을 보자. 매일 앞만 보며 살기엔 하늘은 너무 아름답다.

기차는 설렘을 타고

영화나 드라마 혹은 책을 보면 주인공들이 기차를 타고 여행을 떠날 때가 있다. 기차 안에서는 삶은 계란과 사이다 같은 간단한 간식거리를 먹기도 하고 예기치 못한 운명적 만남이 이뤄지기도 한다. 기차는 그렇게 설렘을 타고 간다. 나 역시 기차에 대한 로망이 있다. 아직 한 번도 기차를 타고 어딘가를 가본적이 없어서 더욱 그렀다. 기차 안에서 간식을 먹으며 친구들과 대화를 나누는 상상도, 예기치 못한 인연을 만나는 상상도 해본다.

대학교에 들어와서 첫 여름방학을 맞았지만 생각보다 열심히 놀지도, 그렇다고 학업에 힘쓴 것도 아니었다. 그냥 그렇게 시간이 흐르다보니 어느새 방학의 끄트머리에 와있었다. 제대로 된 물놀이 한 번 못 한 게 아쉬워서 급하게 결정된 부산행이었다. 부산여행을 기차와 함께 하자고 제안한 건 같이 떠나는 7년지기 친구였다. 사실 더 편하고 빠른 교통수단도 있지만 굳이 기차를, 그것도 무궁화호를 택한 건 첫 번째로 어렸을 적 로망 때문이었고 둘째로 창문 밖 풍경 속으로 추억을 새긴다는 무궁화호의 빠르지 않는 멋 때문이었다.

철컥 철컥 철컥 "지금 부산행 무궁화호 열차가 들어오고 있습니다. 승객 여러분께서는 노란선 뒤편으로 물러나 주시기 바랍니다." 멀리서 기차의 앞머리가 보이고 안내방송이 들리니 여행의 시작을 알리는 것 같았다. 기차 안은 생각보다 넓었고, 정말 그리 빠르지 않았다. 창밖으로 도심에서 보기 힘든 시골의 풍경들이 보였고, 저마다 각자의 이야기를 가지고 많은 사람들이 기차에 올랐다.

삼삼오오 모여 여행을 떠나는 것 같은 젊은 무리들이 보였고, 오래된 친구들과 바람을 쐬러가는 중년의 여성들도 있었다. 큰 짐을 갖고 타는 노부부는 보기 좋았다. 빠르지 않지만 무궁화호에는 정겨움이 있다는 얘기가 여기서 나오는 것 같았다. 저마다의 이야기를 가지고 기차에 오른 사람들로 인해 안은 금세 북적해졌다.

기차의 첫머리 부분부터 꼬리까지 한 칸 한 칸 이동하며 구경을 했다. 한 칸 한 칸 앞으로 전진할 때 마다 기차 안은 새로운 설렘으로 가득 차 있었다. 학기 중에는 서로 이 사정 저 사정 때문에 못 만났던 오래된 친구와 간만에 더 없이 많은 대화도 나눴다. 가지고 탔던 도시락은 맛난 보너스였다. 그렇게 친구와 간식도 나눠먹고 창밖구경, 사람구경을 하니 금세 부산에 도착했다. 나에겐 소문과 달리 지루하지 않은 기차여행이었다.

요새는 무궁화호의 이용객이 KTX 때문에 많이 줄었다고 한다. 지금도 KTX의 속도는 점점 더 빨라지고 있다. 아마 앞으로는 더욱 신속해질 것이다. 하지만 나는 느린 무궁화호가 마음에 든다. KTX는 빠른 속도와 소음을 줄이고자 너무나 많은 터널을 지나고, 터널이 없는 구간도 속도 탓에 바깥구경을 하기 어렵다고 한다. 더욱이 정차역이 적어 타고 내리는 사람도 많이 볼 수 없다. 이런 KTX와 달리 무궁화호는 느림의 낭만이 있는 것 같다.

KTX는 너무나도 바쁜 삶을 살아가는 현대인의 모습을 닮았고 무궁화호는 여유를 찾는 소박한 시골의 모습이 떠오르게 한다. 기분 좋은 여행의 시작을 함께하고, 설렘을 안고 타는 기차는 후자가 더 어울리는 것 같다. 확실한 건 이번 기차여행이 내게 설렘과 많은 추억을 남겨줬다는 것이고 앞으로도 느린 무궁화호를 많이 이용할 것 같다는 느낌이다.

그리고 그곳에

타오르는 태양, 뜨거운 모래사장 그리고 그보다 더 핫한(?) 비키니의 향연. 여름의 부산, 그것도 '해운대' 하면 떠오르는 단어들이다. 우리나라 최고의 여름 휴양지답게 더우면 더울수록 붐비는 곳이 부산의 해운대다. 젊은 청춘부터 가족단위의 여행객까지 많은 사람들이 부산을 찾는다.

작년 이맘때 쯤 나는 재수생이었다. 재수생이라는 딱지를 떡하니 달고 있는 순간 휴가는커녕 동네를 벗어나 작은 콧구멍에 바람 쐬기도 여간 눈치 보이는 게 아니다. 그렇지만 나는 겁 없는 재수생이었다. 좋게 말하면 겁 없는 재수생이었고, 나쁘게 말하면 한심한 재수생이었다.

당시 내 친구들은 대학교에 갓 들어간 '첫 여름방학을 불사르는 파'와 딱딱한 의자에 앉아 '내년에 꼭 그런 여름을 보내리'라고 다짐하는 파로 나뉘었다. 나는 후자였다. 하지만 모두 한마음으로 꿈꾸는 게 있었으니, 바로 '여름휴가'였다. 독서실 의자에 앉아있는 내 엉덩이가 '재수생도 여름방학이 필요해'라고 울부짖을 무렵, 나는 겁 없는 계획을 세웠다. 바로 부모님 속이고 여름휴가를 다녀온다는 앙큼한 상상. 지금 생각해도 어이없는 계획이었지만 당시엔 진지했다. 2박 3일간의 여름휴가를 꿈꾸며 엄마, 아빠에게 한 거짓말은 실로 완벽했다. 그렇게 집에서 나는 공부캠프를 떠나는 착실한 딸내미였다.

'성인'이라는 명찰을 붙이고 떠나는 첫 여행이었다. 부산여행 또한 생에 처음이었다. 더웠지만 파란 바다가 있었고, 습했지만 그 보다 더 기분 좋은 바닷바람이 코를 간질였다. 여행 내내 부산은 그랬다. 물결치는 파도와 모래사장의 모래알보다 더 많아 보이는 노란튜브 그리고 그 안에서 시원한 웃음을 짓는 사람들을 보면 물에 안 들어가도 기분이 좋았다.

우리를 바다보다 더 신나게 했던 건 서울에서는 좀처럼 보기 힘든 부산의 먹거리였다. 1박 2일간 여행을 떠나는 모 예능프로그램에서 인기 연예인이 먹으며 연신 감탄을 했던 씨앗호떡부터 먹고 가지 않으면 부산을 온 게 아니라는 냉채족발, 밀면, 돼지국밥까지 365일 다이어트를 하는 20대 초반의 여자들이 하루에 6끼를 하게 한 먹거리가 즐비했고 또 다른 즐거움이었다.

삼킬 듯이 다가왔다가 또 금세 뒤로 달아나는 파도처럼 여행의 설렘을 안고 부산에 발을 내딛을 때가 불과 몇 시간 전 같은데 마지막 밤이 왔다. 인터넷 블로거에 숨겨진 부산의 야경 명소라고 소개된 모 백화점 전망대를 올라갔다. 수많은 건물과 차들이 반짝이며, 눈앞에 아름다운 야경이 보였다. 뜨거웠던 낮보다 더 내 마음을 뜨겁게 했다.

부산여행은 여러모로 나에게 큰 의미였다. 성인이 된 이후 친구들과 처음 떠나는 여행이었고, 아직 대학이라는 짐이 내게 있었다. 그리고 부모님을 속였다는 죄책감도 조금은 나를 괴롭혔다. 부산이 한 눈에 보이는 듯 한 전망대에서 많은 생각이 스쳤다. 지금까지의 일들이 하나의 필름처럼 지나갔고 앞으로의 꿈이 머릿속을 맴돌았다. 그리고 수많은 불빛들이 그런 내 꿈을 더욱 선명하게 밝혀주는 것 같았다. 아름다웠다.

부산의 아름다운 야경을 바라보며 스스로에게 다짐했다. 내년에 꼭 다시 이곳에 오리라 하지만 그땐 원하는 대학에 들어가 마음의 짐을 내려놓고 이곳을 찾아야지. 그리고 올해 나는 다시 부산을 찾았다. 그때 그 장소를 다시 올라가 눈앞에 펼쳐진 야경을 바라보니 1년 전의 내 모습이 떠올랐다. 한심한 재수생은 운 좋게 원하던 대학에 들어가 그토록 꿈꾸던 대학생활을 하게 됐다. 그리고 그 때 스스로에게 한 다짐을 지키며 그 자리에 서 있었다. 부산의 야경은 전과 똑같았지만 어쩐지 더 밝게 그리고 더 뜨거워보였다.

추억을 담고 있다

방 정리를 하다 편지들을 모아둔 상자를 오랜만에 열어 보았다. 초등학교 때부터 하나 둘씩 모아둔 거라 이젠 제법 묵직하게 무게가 나간다. 지금은 얼굴도 가물가물한 친구의 편지부터 최근에 유학을 간 친구가 급히 써 준 이면지 편지까지 수많은 편지가 나왔다. 편지뿐만 아니라 여행가서 사온 기념품도 친구가 선물해준 작은 악세사리도 들어있었다. 중학교 때 영어캠프로 간 필리핀에서, 한 달 동안 정들었던 선생님과 작별 인사할 때 받았던 작은 인형부터 고등학교 때 떠난 친구들과의 바다여행에서 주운 예쁜 조약돌까지 상자 속 물건들은 내가 생각했던 것보다 더 많은 것들을 담고 있었다.

물건을 하나씩 꺼내보면서 다시금 지난날을 추억하게 됐다.

잊고 지냈던 친구도 떠오르고 여행지에서 느꼈던 감정들이 새삼 다시 생각나기도 한다. 오래된 것들은 저마다 사연을 갖고 있고 그 사연들은 나를 다시 그 장소로 돌아가게 하는 힘을 가지고 있다.

초등학교 때 나는 꽤나 통통한 아이였고 빨간 코트를 입고 간 날, 반에서 제일 짓궂은 남자애가 빨간 돼지라고 놀렸었다. 지금은 웃으며 넘길 수 있는 귀여운 장난이지만 그 당시에는 하루 종일 속상해 했다. 당시 가장 친했던 친구가 자신이 아끼는 공책에 연필을 꾹꾹 눌러 담아 예쁘게 편지를 써줬다. "다솜아 넌 뚱뚱하지 않아, 빨간 코트도 잘 어울려" 작은 아씨들에 나오는 셋째 딸 베스처럼 조용하고 내성적이었던 친구는 책도 많이 읽고 상대방의 마음을 감싸주는 따듯한 아이여서 내가 참 좋아했던 친구다. 그동안 잊고 지냈는데 친구가 써준 편지를 읽으니 당시 기억이 새록새록 떠올랐다.

작은 단추와 코팅된 조그마한 종이에 적힌 시는 지금도 가장 친한 친구 중에 한 명인 중학교 때 친구와의 추억을 담고 있었다. 중학교 졸업식을 며칠 앞두고 서운함과 섭섭함 때문에 몇 번이나 눈물이 고였고 그러한 마음을 시로 담아 친구에게 졸업식 날 건넸다. 그리고 교복 단추 중 하나를 교환했는데 눈물이 하염없이 났었다. 지금도 옆 동네 사는 그 친구와 당시에는 평생 못 만날 것 같이 졸업식을 보낸 게 조금 부끄럽지만 한편으론 웃음 짓게 한다. 순수했던 시절에 사연이 작은 단추와 시에 담겨져 있었다.

고등학교 때 좋아한 친구와 시시한 내기를 해서 받은 천 원도 상자에는 있었다. 좋아했던 친구가 준 천 원을 쓸 수 가 없어서 며칠을 지갑에 넣어두다가 상자에 보관하게 됐는데 지금도 그 천원을 보면 당시 설레었던 마음이 떠오른다. 쓰지 않고 며칠을 가지고 다니다 상자에 넣어 둔걸 보니 당시에 그 친구를 꽤나 좋아하긴 했던 것 같다.

잊고 지냈던 친구와의 우정도 오랜 친구와의 깊은 사연도 순수한 풋사랑의 추억도 상자엔 모두 담겨져 있다. 오래된 물건은 가만히 있어도 내게 말을 건내온다. 세월의 때와 함께 묻은 추억들은 신기한 힘을 가지고 있어 슬펐던 순간도 아름답게, 아름다웠던 순간은 더 아름답게 기억하게 만든다.

오늘 작은 상자 하나를 타고 시간 여행을 했다. 그 순간이 지나가고, 그 사람이 지나가고 또 그 시절의 내가 지나간다.

오래된 물건은 추억을 담고 있다.

추억하는 꽃

이른 봄에 피는 목련은 사람으로 하여금 가슴을 설레게 만든다. 필 때와 질 때의 대조적인 모습 때문일까? 봄을 느끼는 이들의 마음을 울렁이게 만든다. 활짝 만개하면 그 아름다움은 황홀할 정도지만 떨어질 때면 꽃잎이 하나하나 흩어져 땅에 떨어지고, 금세 갈색으로 변해버리니 피어났을 때 아름다움을 기억하는 사람들에겐 크나큰 낙심을 준다.

나무에서 피는 연꽃이라는 이름에 걸맞게 귀족적이고 우아한 풍모를 자랑하는 목련은, 때때로 누군가에게 잊지 못할 추억을 끄집어내기도 한다. 고등학교 작문시간이 그러했다. 작문선생님은 만개한 목련을 보며 한참을 추억에 잠기신 것 같았다. 그리고 입을 여셨을 때 당시의 내 나이와 같던 시절의 추억을 상기시켰다. 선생님의 추억은 목련 같던 같은 반 친구의 죽음이었다. 같은 반에 단아하고 예쁜 친구가 있었다. 꼭 목련 같은 친구였는데, 학교 등굣길에 버스를 타고 오다 사고로 죽었다고 한다. 반장이었던 선생님은 학급을 대표로 친구의 장례식을 갔는데 그때가 꼭 목련 필 무렵이라고 한다. 목련 같던 예쁜 친구가 꽃이 필 무렵 안타깝게 죽어서 항상 이맘때면 그 친구의 생각이 난다고 한다.

아름다움을 뽐내는 목련은 질 때면 너무나 추레하기에 사람들은 목련이 만개할 때 진 모습을 상상하지 못한다. 아니 상상하고 싶어 하지 않는다. 작문 선생님에게 그 친구는 만개한 목련과 같았기에 친구의 죽음은, 지는 목련을 상상하고 싶어 하지 않는 것처럼 받아들이고 싶지 않는 일이었을 것이다.

이 무렵 나도 생각나는 친구가 있다. 지금껏 딱 한번 전학을 갔는데 그때가 초등학교 2학년이었다. 전학을 간 학교에서 친구들과 친해지기 시작했을 때 유난히 마음에 든 친구가 있었다. 양갈래를 하고 말이 없던 친구였다. 그 친구도 나도 책을 좋아해서 작은 아씨들을 읽고 이야기 했던 게 아직도 기억에 남는다. 내 기억 속에 친구는 예쁘고 얌전한, 말 그래도 목련 같은 친구였다.

학년이 올라가고 반이 바뀌면서 관계가 소홀해지고 서로가 어색해 졌을 때, 중학교에 올라가 다시 본 친구는 예전의 내가 좋아했던 친구가 아니었다. 변해버린 친구에게 실망했지만 내색

하진 않았다. 이젠 연락도 하지 않을 정도로 멀어졌지만 당시 작문 선생님의 이야기를 듣고 가장 먼저 그 친구가 떠올랐다. '지금은 어떻게 지낼까?'궁금하기도 했다. 변해버린 친구를 보면서 실망했던 마음은 떨어질 때의 목련을 보면서 느꼈던 그것과 같았다.

아름다운 목련은 오래 전부터 정원에 심어 감상하던 나무로 잎은 중국 악기인 비파를 닮았다고 한다. 꽃은 4월에 잎보다 먼저 피며 줄기 끝에 한 송이씩 달린다. 이 때문에 목련꽃이 떨어지고 나면 줄기 끝에 뭉툭하게 잘린 것 같은 자국이 남는다. 북쪽을 향해 꽃을 피우는 목련은 임금님을 향하는 충절을 상징하기도 하는데 여기엔 전설 한 개가 전해져 온다.

아주 먼 옛날 옥항상제에게 귀여운 딸이 있었는데 마음씨가 착한 공주여서 많은 청년들이 청혼을 했다고 한다. 옥항상제는 딸에게 마음에 둔 남자가 있냐고 물었고, 공주는 북쪽 바다 신을 연모한다고 말했다. 북쪽 바다 신은 행실이 좋지 않은 남자였기에 옥항상제는 반대를 했고 공주는 몰래 성을 빠져나와 북쪽 바다로 향했다. 하지만 도착해서 본 북쪽 바다 신은 아내가 있었고 공주는 이루어질 수 없는 사랑에 괴로워 하다가 바다에 몸을 던져 스스로 목숨을 끊었다.

북쪽 바다 신은 공주를 가엽게 여겨 양지바른 곳에 묻어줬는데 옥항상제가 뒤늦게 소식을 전해 듣고 그 넋을 위로하고자 무덤에 꽃을 피게 했다. 그 꽃이 바로 목련이다. 이루어질 수 없는 사랑을 하다 죽은 공주의 미련 때문인지 목련의 꽃봉오리는 항상 바다 신이 살고 있는 북쪽 하늘을 향하고 있다고 한다.

전설을 듣고 나서 본 목련 꽃봉오리는 정말 신기하게도 북쪽을 향해 고개를 돌리고 있었다. 꽃말 역시 '이루어질 수 없는 사랑'이다. 이른 봄에 피고 북쪽을 향해 고개를 돌리며 필 때의 아름다움이 질 때의 아쉬움으로 남는 목련은 그런 꽃이다.

그래서 사람들은 목련이 필 무렵이면 누군가를 추억하는지도 모른다.

운수 좋은 날

지나가는 사람을 붙잡고 당신이 기억 속 운수 좋았던 날이 언제냐고 물어보면, 대부분 금전적인 이익을 봤던 경험을 말할 것이다. 없던 돈이 생기면 기분이 좋은 건 나이에 상관없이 남녀노소 누구나 마찬가지니까. 그날 나에게도 운수(이미 정하여져 있어 인간의 힘으로는 어쩔 수없는 천운(天運)과 기수(氣數)가 찾아왔다.

책장을 정리하다 오랫동안 안본 책을 우연히 펼쳤는데, 거기서 돈 삼 만원이 나온 것이다. 돈이 갑자기 하늘에서 뚝 떨어진 것은 아닐테고, 저절로 책속으로 굴러 들어간 것도 아닐 텐데. 오랜 고민 끝에 '분명 내가 기억하지 못하지만 언젠가 비상금으로 넣어둔 돈 일 것이다.'라는 결론을 내렸다. 그도 그럴 것이

내 책장에 있는 책들은 나만 보는 것들뿐이고, 돈 액수도 비상금으로 적절했다. 아마 책을 보다가 잠깐 넣어둔 돈을 다른 볼일을 보다가 금세 까먹고 지금까지 못 찾아냈다는 게 가장 현실적인 시나리오였다. 그러니까 이 돈은 한때 잠시 잊고 있었지만 내 돈임이 틀림없는 돈이었다. 하지만 아무리 생각해도 언제, 왜 넣어둔 돈인지 정황을 모르니 생판 모르는 남의 돈 같은 것도 사실이었다. 아무리 요리 생각해 보고, 저리 생각해봐도 확실히 내 돈인데 기억이 안나니 공돈이 생긴 것 같아 기분이 좋아졌다.

사실 생각지도 못한 돈을 얻었을 때의 기쁨은 살아가면서 종종 느낄 수 있다. 오래된 겨울 외투를 입었을 때 주머니에서 느껴지는 불룩함에 손을 넣어 봤더니 몇 천 원 짜리 지폐와 동전 몇 개가 들어 있던 경험과 빌려 준지 까맣게 잊고 있었던 돈을 늦게 줘서 미안하다며 친구가 건넨 일은 나 역시 몇 번 있었는데, 책 속에서 돈을 발견한 건 처음이었다. 또 그렇게 굴러 들어온 돈의 출처를 조금도 기억해 내지 못하는 것도 몇 안되는 일이었다.

그날의 기쁨이 어찌나 컸던지 다시 한 번 느껴 보고 싶은 마음에 잘 읽지 않는 책 속에 돈을 숨겨 놓았다. 하지만 며칠 후에 급하게 돈이 필요했을 때, 가장 먼저 떠오른 것은 숨겨둔 책 속의 돈이었다. 나는 또 한 번의 재미를 느껴 볼 작정으로 넣어 둔 돈을 망설임없이 꺼냈다. 내가 가지고 있는 책 중에 가장 지루하고, 두꺼운 책을 골라서 넣었는데 소용없게 된 것이다.

역시 일부러 넣어 둔 돈을 잊고 있다가 우연히 발견하게 돼 그날처럼 소소한 기쁨을 느끼는 건 어려운 일이었다.

돈 삼 만원의 기쁨을 맛본 그날은, 나에게 운수 좋은 날이었다. 그날 밤, 기분 좋은 잠자리에 들면서 나의 오랜 친구들이 생각났다. 20살, 초 · 중 · 고등학교를 거쳐 대학생이 된 지금, 가끔씩 어른들에게 '학창 시절 친구가 진짜 평생을 함께 하는 친구다.'라는 소리를 종종 듣곤 한다. 나이가 들어 사회생활을 하면 마음 터놓을 친구를 만드는 게 쉬운 일이 아니라고 한다. 또 지금처럼 다양한 친구를 만들지도 못하니까 학창 시절에 다양한 친구들을 사귀어 보라는 조언도 들었다.

사회생활을 하다보면 순수한 마음으로 누군가를 만나고 사귀는 것이 참 힘들다고 한다. 자신의 생업과 관련이 있기도 하고, 다양한 사람들을 만나는 것도 힘이 드니 당연한 일이었다. 잠이 들기 전, 오랫동안 사귀었던 친구들의 얼굴을 하나씩 떠올렸다. 운수 좋다는 건 오늘 머릿속에 지나간 친구들을 사귈 수 있었던 기회를 말하는 게 아닐까?

돈 삼 만원은 원래부터 내 방 책장 어딘가에 계속 있었다. 그러나 내가 잊고 있었던 것 같다. 그리고 우연히 발견했을 때의 기쁨은 새로 얻은 것 같은 착각을 주기도 한다. 하지만 원래부터 그 자리에 있었던 것이다. 돈 삼 만원의 행운을 발견하면서 언제나 내 옆에 있는 친구들의 소중함을 다시 한 번 생각해 볼

수 있었다. 내가 일부로 책 속에 넣어둔 돈을

다시 찾으며 기쁨을 맛 볼 수 없었던 것은 어쩌면 당연한 일이었다. 책 속에서 돈 삼 만원을 발견한 그날은 운수 좋은날이었다. 하지만 진정 나에게 운수좋은 날은 순수한 마음으로 친구들을 사귈 수 있는 지금 이 시절이 아닐까. 그 의미를 발견한 오늘이야말로 운수 좋은 날 같다.

마지막 순간에

내가 새삼 어른이 됐다고 느끼는 순간이 있다. 바로 학창시절, 중고등학교 때는 생각지도 못한 다양한 사람들과의 복잡한 관계를 느낀 순간이다. 그 얽히고설킨 실타래 같은 관계엔 믿고 의지하는 사람도 원치 않은 인연도 있다. 하지만 진짜 어른이 된다는 건 원치 않은 관계도 잘 이끌어 나가는 능력이 생기는 것이다. 요즘 나는 그걸 배워가는 과정에 있다. 불편하고 어려운 사람과 웃으며 대화할 수 있고 싫어했던 친구와 겉으로는 잘 지내는 척 연기를 할 때도 있다. 어른이 된다는 것은 그런 과정을 배우고 익혀가는 것이다.

20대가 되니 정말 다양한 사람과 복잡한 관계를 맺어간다. 그건 친구들도 마찬가지다. 중 고등학교 때는 학교 같은 반 친구가 다였던 게 이제는 다양한 모임에서의 친구들도 존재하고 더 크고 넓은 사회에서의 친구가 생기기도 한다. 하지만 성장 판이 멈춘 나이에 맺은 친구관계는 서로 친한 듯 보여도 어쩐지 마음을 쉽사리 열거나 보여주지 않는다. 그건 나 또한 마찬가지다.

중 고등학교 친구들과 오랜만에 만나면 한결같이 하는 소리가 있다. “대학교 친구들은 방학만 하면 바로 연락이 끊겨 그러다 개학할 때 되면 다시 연락이 와” 사회생활을 하는 선배들도 똑같은 소리를 한다. “사회생활을 하다가 만나는 사람들은 갑옷과 투구 그리고 방패까지 들고 있기 마련이야”이런 소리를 하도 듣다보니 넓고 다양한 사람과의 관계에서 진정으로 내가 신뢰하고 의지할 수 있는 사람은 몇이 될까 의문을 품을 때가 있다. 그러는 와중에 한 편의 짧은 글을 읽었다.

많은 나이로 인해 편찮으신 아버지를 모시고 사는 아들이 쓴 글인데 글에는 진정한 우정이 담겨져 있었다. 어느 날 아버지는 한 통의 전화를 받았다고 한다. 전화는 오랜 친구로부터 온 것이었는데 한참 통화를 하던 아버지는 그 자리에서 하염없이 눈물을 흘리셨다고 한다. 그것도 한참이나.

나중에 아버지에게 물으니 오랜만에 전화를 걸어 반갑게 안부를 묻던 친구가 “OO아 아무래도 오늘이 나의 마지막 날인 것 같다. 모든 것을 정리해야 되는 마지막 순간 지난 날을 되돌아보니 너가 가장 먼저 떠오르는 구나 너가 있어 나의 지난 삶이 더 행복했던 것 같다. 고마웠고 고마웠다.”라고 얘기를 하며 뒷

말을 잇지 못하셨다고 한다. 몸이 편찮으셔서 누구의 도움 없이는 움직일 수 없는 아버지는 친구의 얘기를 듣고 그 자리에서 눈물만 흘릴 수 밖에 없었다고 한다.

이 짧은 글을 읽고 많은 생각을 하게 됐다. 슬픈 이야기지만 한 편으론 부럽기도 했다. 자신의 마지막 순간에 삶을 되돌아보며 추억하고 정리할 때 떠오르는 좋은 친구가 있다는 게 얼마나 행복한 일일까. 나는 과연 그런 친구가 있을까 그런 사람을 사귈 수 있을까 많은 질문을 내게 던졌다.

요즘은 친구들과 만나도 서로의 얼굴이 아닌 작은 기계에 얼굴을 박고 게임과 메시지를 주고받기 바쁘다. SNS등 소셜 네트워크 문화가 보편화 되면서 인간관계 또한 비 대면적 관계, 형식적인 관계가 늘어가고 있다.

사자성어 중에 인인간난(人人間難)이라는 말이 있다. '사람과 사람사이엔 어려운 거리가 있다.'라는 뜻이다. 인간관계의 어려움은 선조들도 마찬가지 였나보다. 더 큰 사회에 이제 막 발을 디딘, 어른이 되는 과정을 배워가는 과정에 서 있는 나는 궁금하다. 과연 나의 마지막 순간에 떠오를 나의 소중한 사람은 누구일까? 그리고 나를 떠올릴 사람은 누구일까?

3장
바라보며

나를 설명할 수 있는 힘

6.25전쟁 이후 우리나라는 세계 최빈국 중 하나였다. 이후 샛별처럼 등장한 160cm의 단신, 박정희 대통령은 눈부신 경제 성장을 꽃피우게 된다. 그 이후 자유주의를 표방한 우리나라는 경제 성장에 대한 끝없는 욕심을 보였고 박정희 대통령이 깃발을 올린 '개발 중심'은 대한민국 인문학의 위기를 초래하기 시작했다.

인문학은 인간 존재와 삶의 본질을 탐구하는 학문이다. 한마디로 '나를 설명할 수 있는 힘'을 길러 주는 것이다. 철학, 역사, 문학을 중심으로 인간 세계관과 인식방법 인간정신의 다양한 표현에 대한 분석과 미래 예견을 통해 인간을 인간답게 살 수 있도록 하는 가장 밑받침되는 기초 학문이다. 산업의 발달과 함께 사회 전반에는 생산적 가치가 있는 학문이 사회발전과 개인의 출세 수단에 도움이 된다고 인식되면서 인문학은 도외시 되고 실용주의 학문을 선호하게 됐다. 그럼 과연 인문학은 정말 가치 없는 학문일까?

1995년 미국의 작가 얼 쇼리스는 책을 쓰기 위해 취재중이었고, 뉴욕의 한 교도소에 수감 중인 여죄수와 만나게 됐다. 그리고 그녀에게 물었다. 가난한 사람들을 계속 가난하게 만드는 것은 무엇일까?, 그것을 바꿀 수 있을까? 여죄수의 답은 간단했다. "사람들에게 건강한 '정신적 삶'을 가르쳐야 돼요." 인문학자 얼 쇼리스가 창립한 클레멘트 코스는, 사회의 소외계층에게 '정신적 삶'을 가르쳐 타인과 소통하는데 가장 중요한 요소인 '자신에 대한 성찰'과 '자존감의 회복'은 인문학을 통해 가능하게 해준다는 것을 증명하고자 했다.

알코올중독자, 실업자, 전과자들이 시를 읽고, 역사를 배우고, 논리학을 배우며 자존감이 회복되었고 삶을 대하는 태도가 긍정적으로 바뀌게 되었다. 인문학을 통해 반성적이고 성찰적인 사고를 시작하며 다른 삶을 살고 싶은 소망을 갖게된 것이다. 그들에게 '나를 설명할 수 있는 힘'은 빈곤과 역경을 벗어날 수 있다는 희망이었다. 10년간 3개 대륙에서 4,000여 명의 사람들이 코스를 수료했고 현재 우리나라에서도 운영 중이다.

인문학은 '생각하는 힘'을 길러주고 '선택하는 삶'을 배양시킨다. 인문학적 소양을 지닌 이들이 늘어날수록 우리가 직면하고 있는 사회문제에 대해 직시하고 소통하는 힘을 기르며 바람직한 삶의 가치를 제시해줄 수 있을 것이다. 그러기 위해서 오늘날 인문학의 위기를 극복하기 위해 인문학의 긍정적 효과를 사회 전체에 인식하게 만들어야 하며 자라나는 학생들에게 인문학 교육이 정상화 될 수 있게 정책적으로 뒷받침되어야 한다.

오늘날의 트렌드는 무엇인가? 친환경, 사람을 생각한 물건, 나눔과 소통. 인문학이 꽃 피웠던 르네상스 문화가 다시금 돌아오고 있는 것 같다.

모든 분야에서 '사람'을 중심으로 한 연구가 진행되고 있으며 여기에는 인문학이 밑받침되어야 할 것이다. 오늘날 '인문학의 위기'는 '인문학의 기회'가 아닐까 생각해 본다.

누구를 위한 월드컵인가요?

16강행의 문턱을 넘지 못한 대한민국에선 월드컵 열기가 사그라진지 오래다. 하지만 세계는 아직도 월드컵에 대한 관심과 열기가 뜨겁다. 그리고 그 뜨거움 이면엔 우리가 알지 못하는 것들이 있다. 월드컵이 열리는 브라질에선 지금 이 순간에도 월드컵 반대 시위가 벌어지고 있다. 월드컵이 열리기 전부터 시작된 반대 시위가 지금까지 이어지고 있는 것이다. 브라질 정부가 월드컵 개최를 위해 쓴 돈이 13조가 넘으며 이로 인해 급격히 오른 물가는 일반 국민들의 삶을 어렵게 만들고 있다는 게 그 이유이다. 900원에 불과했던 토마토 가격은 현재 4200원으로 올랐고, 맥도날드 빅맥의 가격은 세계에서 다섯 번째로 비싸졌다. 월드컵을 위해 투입된 막대한 공적 자금으로 인해 교육 ·

복지 · 예산이 대폭 삭감되었으며, 브라질의 오래된 문제인 빈부격차는 점차 악화되고 있는 상황이다. 브라질 정부는 월드컵 반대 시위진압을 위해 군대를 투입하고 실탄을 사용하고 있다고 한다.

그러나 월드컵이 시작되고 브라질 국가대표가 선전을 하면서 월드컵 반대 시위의 열기는 브라질 축구대표팀을 응원하는 열기로 바뀌어가고 있다. 월드컵 반대 시위에 대한 거부감이 확산되고 있으며 퇴진운동이 일던 브라질 대통령의 지지율은 상승하고 있다. 실제로 월드컵 반대 시위는 개막 이후 40 퍼센트 하락했고, 23 퍼센트 밖에 안됐던 월드컵 시위 반대 여론은 월드컵 개막이후 44 퍼센트가 되었다.

또한 폭락하던 브라질 대통령의 지지율은 개막 이후 급등하여 야당 후보자들의 지지율을 압도하고 있다. 이대로라면 브라질 대통령 '지우마 호세프'의 연임 또한 확실해 보인다. '네이마르'의 골 행진이 브라질 대통령 '지우마 호세프'의 정치적 생명을 연장시킨 것이다.

폭력은 자기 내면의 무기력을 감추기 위한 실제의 잔인한 개입이라고 말한다. 그러나 그것이 어떤 선-이데올로기적(예를 들면 브라질 월드컵에서 국가대표를 응원하는 행위는 내면적 폭력성을 해소하는 선-이데올로기적 행위라 할 수 있다)인 방식으로 분출 된다면 이는 실제적 폭력성의 분출을 억제하는 온건한 방식이 된다. 그렇다면, 브라질 월드컵 반대시위는 부조리한 사회구조로 인해 무기력감을 느낀 브라질 민중들의 실제적 폭력이라 할 수 있다.

그러나 브라질 국가대표의 맹활약은 자연스럽게 브라질 국민들에게 국가대표를 응원하는 선-이데올로기적 행위를 만들어냈고, 그들의 폭력성은 선-이데올로기적 행위를 통해 해소되었다고 볼 수 있다.

결과적으로 현재 브라질 국민들은 브라질 정부를 욕하기 보다는 국가대표의 골잡이 '네이마르'를 응원하게 되었고, 부조리한 사회 현상에 분노를 느끼기 보다는 축구 대표팀의 멋진 플레이에 환호를 보내게 된 것이다. 즉, 브라질 국민들은 월드컵으로 인해 즐거움을 느끼지만, 부조리한 사회문제는 수면 아래로 가라앉고 있는 것이다. 그렇다면, 브라질 월드컵은 브라질 국민들에게 과연 축복일까.

대한민국은 지금 금연 중

지난 달, 강남대로를 걷다가 한참 실랑이 중인 두 남성을 보았다. "선생님, 금연단속공무원입니다. 강남대로에서 흡연하시면 안 됩니다. 얼른 담뱃불 끄시고 꽁초는 저희한테 주세요." 담배를 피우고 있던 젊은 남성은 사정하는 단속원의 말이 들리지 않는다는 양 모르쇠로 일관했다. 결국 몇 번의 담배 연기를 더 머금고 나서야 만족했다는 듯 짧아진 담배꽁초를 단속원에게 건넸다.

지금 대한민국은 담배와의 전쟁을 선포한 것 같다. 하루 유동인구가 100만 명이 넘는다는 강남대로를 시작으로 자치구 공원, 어린이 놀이터등 서울 1,950개소 금연구역을 선정, 6월 1일부터 과태료를 부과하고 있다. 한국 담배의 나이는 벌써 60

살이 넘었다. 사람으로 치면 환갑잔치를 해줘야 마땅하지만 요즘 들어 더욱 대접을 못 받고 있는 것이 사실이다. 국내에 담배가 유입된 것은 광해군 때인 1608~1618년 즈음으로 일본에서 전래되었다는 것이 통설이다. 이후, 1945년 광복 기념으로 출시된 국내 최초의 담배 승리를 시작으로 1950년대 전후(戰後) 희망과 재건의 의지를 담은 담배 파랑새와 1960년대 청자, 1970년대 거북선, 1980년대 88등이 있다.

그러나 1990년대부터 시작된 금연 열풍은 1995년 국민건강증진법 제정을 시작으로 금연 정책이 본격화되는 밑거름이 되었다. 금연 열풍은 대한민국을, 담배를 혐오하는 이들과 담배를 즐기는 이들 사이에 '간접흡연'이라는 갈등을 낳게 만들었다. 담배연기가 흡연 당사자는 물론 주변 타인의 건강도 위협하므로 비흡연자는 담배연기로부터 보호되어야 한다는 논리가 혐연권의 핵심이다.

반면, 직접적으로 타인의 건강을 위협하거나 혐오감을 주지 않는 한 흡연 당사자의 건강에 좋지 않다는 이유로 흡연 자체가 금지될 수는 없으므로 적절한 비용으로 적당한 장소에서 흡연할 수 있는 자유와 권리를 보장하라는 것이 끽연권의 논리이다.

사실, 하루에 담배로 걷어 들이는 세금은 100억 원이 넘는다고 한다. 담배 판매로 발생하는 정부 수입은 연간 7조원이며 지방자치단체 예산의 30% 정도가 담배 관련 세금으로 충당되고 있는 것이 현실이다. 이러한 사정을 보면 지금 실시되고 있는 서울시 금연 구역 정책이 아쉽기도 하다. 흡연자들도 사회의 구성원으로 흡연에 대한 자유가 있지만 요즘은 집에서도, 밖에서도 불청객 취급을 받으니 그들도 왜 억울하지 않을까?

가까운 나라 일본에선 벌써 10년 전 길거리 흡연에 대한 통제가 이루어졌으며 지금은 완벽히 정착되었다고 한다. 하지만 사람들의 왕래가 많은 곳곳에 흡연자들을 위한 장소를 마련하는 등 제도가 정착하기까지 많은 노력이 있었다.

흡연자들에 대한 배려와 대책방안이 없는 한 이번 서울시 금연 정책은 흡연자들의 공감대를 사지 못할 것이다. 오늘의 길거리 금연 정책이 비흡연자들과 흡연자들의 '간접흡연'이라는 충돌을 막아주는 좋은 안전지대 역할을 모든 흡연자를 범죄자 취급하며 불이익을 주는 것은 적절치 않으며, 더 나아가 담뱃값에 상당부분 포함되어 있는 세금이 흡연실 확충 등 끽연권을 보장하는 사업에도 적절히 쓰여져야 된다고 본다.

보이지 않는 눈

"모든 국민은 사생활의 비밀과 자유를 침해받지 아니한다."

–대한민국헌법17조

며칠 전, 고등학교를 졸업하고 반년은 보지 못한 친구를 만났다. 고등학교 재학시절엔 부모님보다 더 자주 보던 친구였는데 친구가 재수를 하면서 재수 학원에 다니게 됐고 얼굴 보기가 힘들어졌다. 고등학교 시절부터 인간관계가 넓고 활발한 성격에 외모까지 예쁜 친구가, 다니고 있는 재수 학원에서 연애 스캔들이 안날리 만무했다. 지레 짐작했지만 친구 입에서 나온 이야기들은 더욱 황당했다.

강남에 큰 재수학원을 다니는 친구 때문에 학원 규칙이 새로 만들어지고 학원 분위기는 더욱 엄숙해졌다는 것이다. 사건의 전말은 학원에서 친하게 지낸 같은 반 남자아이와 대화를 하는 모습이 CCTV에 찍혔고 이후에도 친밀한 관계를 보이는 두 학생 때문에 선생님들은 회의를 거치게 됐다고 한다. 이후 '남녀 학생 간 대화 금지'라는 새로운 규칙을 만들어낸 친구는 억울함이 가득 담긴 목소리로 하소연 했다. CCTV에 찍히게 되면 선생님들이 계속 돌려 보기 때문에 가끔 학원이 아니라 감옥에 있는 것 같은 갑갑함이 든다는 것.

사실 비단 친구뿐만 아니라 이 시대를 살아가는 많은 사람들이 '보이지 않는 눈' CCTV에게 항상 감시당하고 있는 게 현실이다. 국가 인권 위원회에 따르면 서울 등 수도권에 사는 주민은 하루 평균 83회 CCTV에 찍히고 큰 길을 지날 때면 9초에 한 번 꼴로 CCTV에 노출된다고 한다. 전국에는 사설 CCTV를 포함해 총 35만개의 CCTV가 돌아가고 있다. 또한 요즘은 베이비시터 문제로 맞벌이 부부를 중심으로 안방까지 CCTV가 침범하고 있다고 한다.

사생활을 중요시 여기는 현대인들이 타의적인 간섭을 받는 CCTV라는 존재를 용인하는 이유는 무엇일까? 먼저 범죄예방과 억제를 들 수 있다. CCTV시스템은 비밀이 없는 개방된 상태라는 느낌을 주어 범죄 유혹에 노출된 사람에게 범죄의 기회를 축소시키는 장점을 가진다. 또한 범죄용의자 파악에 용이하고 목격자를 확보하는 데에도 중요한 단서를 제공한다.

두 번째는 대중의 심리적 평온인데 범죄에 대한 공포는 사람들의 일상생활에 심대한 영향을 미치기 마련이다. 이에 보다 확고한 정책과 시책들이 요구되는데 공공장소에서의 CCTV감시

체제는 무엇보다 이러한 문제에 대한 좋은 해결책으로 제시 되고 있다.

마지막으로 비용절감을 들 수 있다. CCTV 1대가 경찰관 10명의 효과를 가진다는 연구결과가 있는데 비용대비 효율측면에서 CCTV가 경찰관보다 앞선다고 볼 수 있다.

하지만 장점만 있는 것도 아니다. Effects Of CCTV On Crime이라 논문을 보면 CCTV로 인한 범죄예방은 주차장이 가장 효과적이라고 하는데 한마디로 폭력범죄에 있어서는 거의 영향을 끼치지 못했고, 차량범죄에 주로 유효했다는 뜻이다. 실제로 범죄는 매우 충동적이고 우발적인 경우가 많다. 또한 계획범죄인 경우엔 CCTV가 전혀 소용이 없어진다. 이미 계획에는 CCTV의 정보를 입수하고 사각지대를 노릴테니까 말이다.

또한 내 방 안을 훔쳐보는 것만 사생활 침해가 아니라, 내가 가는 곳, 무얼 했는지, 일거수 일투족이 감시되고 기록되는 것 자체에 부정적 견해를 둬야한다. 이런 정보는 평소엔 범죄예방의 명목을 띄고 있지만, 언제든지 악용될 우려가 있다. 당연히 보통사람들은 관심이 없겠지만, 이것이 악용의 의미를 품고 다가오게 된다면 훨씬 더 위험하고 편리한 범죄무기가 될 수 있다.

마지막으로 범죄의 풍선효과를 들 수 있는데 CCTV를 설치한 지역의 범죄는 감소하더라도 설치하지 않은 지역의 범죄는 오히려 늘어 전체 사회로 볼 때에는 범죄율이 별 변화가 없을 수 있다는 것이다.

CCTV가 공공질서와 재산보호의 유용한 장치임은 틀림없다. 다만 CCTV가 만능이 아니라는 것을 항상 기억하고 보조역할로 활용해야 할 것이다. 또한 개인적인 장소에 설치하는 CCTV라도 설치 목적은 확실히 하고 어느 정도 규제가 필요할 것이다. 정부의 정책들을 보면 계속해서 사생활 침해 등 국민들이 CCTV로 피해를 입는 생활을 줄이려 노력 중에 있고 계획들도 구체적으로 늘어나고 있다. 가장 중요한 것은 CCTV의 잘못된 활용을 원천적으로 방지하고 올바른 활용을 촉진하기 위해서 개인정보의 중요함을 온 국민이 인식하고 타인의 정보도 소중하게 여기며 지키는 성숙된 시민의식일 것이다.

올림픽 정신

2012년 8월 11일 새벽, 기분 좋은 소식과 함께 대한민국은 아침을 맞이했다. 하지만 다음날, 일본과의 3 · 4위전에서 이긴 뒤 관중석에서 전달받은 종이를 들고 그라운드를 뛰어 다닌 박종우 선수가 동메달을 박탈당할 위기에 처해 있다는 기사가 나왔다. 올림픽 무대에서는 정치적 행위를 금지하고 있고 국제올림픽위원회(IOC)는 '독도는 우리 땅'이라고 적힌 종이를 들고 다닌 박종우 선수가 분명한 '정치적인 행동'을 했다며 메달 시상식 불참을 통보했다. 박종우 선수의 행동은 올림픽 정신을 훼손한 것일까?

1968년 제19회 멕시코올림픽 남자 200m 결승에서 올림픽 최고기록 20.3초를 깨고 19.8초의 신기록이 수립됐다. 신기록의 주인공은 미국의 토미 스미스였고 그는 시상대에 올랐다. 미국 국가가 울려 퍼지는 순간 스미스는 흑인의 힘을 뜻하는 오른손을, 미국 국적의 동메달리스트 존 칼로스는 흑인의 단결을 호소하는 왼손을 높이 치켜들었다. 흑인인권운동가 마틴 루터 킹 목사가 암살된 지 여섯 달 가량 지난 시점에 두 선수는 이 인상적인 세리머니로 미국 내 인종차별에 항의하는 무언의 메시지를 전 세계에 타전한 것이다. 이 돌발행동에 국제올림픽위원회는 즉각 성명을 내고 "올림픽 정신을 훼손하는 폭력적 행위"라고 비난했다.

올림픽 헌장 51조에는 올림픽선수들은 올림픽 기간중 정치적 종교적 인종적 선전활동을 해서는 안된다고 명시되 있다. 하지만 평화의 제전이라는 올림픽은 역설적이게도 그 세계적인 주목도 때문에 거의 항상 중요한 정치적 사건의 배경이 되어왔다. 1972년 제20회 서독의 뮌헨 올림픽은 팔레스타인 무장게릴라들이 올림픽 선수촌을 습격해 이스라엘 선수 둘을 사살하고 아홉 명을 인질로 잡았다. 이 사건은 이스라엘과 팔레스타인 문제를 국제사회의 핵심이슈로 제기하는 정치적 성과를 얻었지만 피의 올림픽으로 불리며 현대사에 기록될 정도로 충격적인 정치투쟁의 장으로 기록됐다.

이외에도 '정치적 올림픽'의 사례는 무수히 많다. 소련의 아프간 침공을 이유로 미국이 1980년 모스크바 올림픽을 보이콧하자, 소련도 1984년 로스앤젤레스 올림픽에서 보복성 보이콧으로 맞섰고 2008년 베이징 올림픽에선 중국의 인권상황과 티벳 문제등과 관련하여 국제사회에서 보이콧 논란이 일었다. 미국의 사회학자 존 호버만은 "올림픽과 정치문제가 별개일 수 없다는 사실은 올림픽의 역사가 반증한다"라고 주장했다.

올림픽이 처음 개최가 될 1890년대에는 정치는 물론이고 자본주의로부터 순수함을 표방했다. 그러나 스포츠는 어느 사회에서나 잠재적인 정치 이슈이다. 이는 스포츠문화에 내재하고 있는 문화적 주제가 정치적 의미에서 이데올로기적 잠재력을 지니고 있기 때문일 것이다. 오늘날 자문해 본다.

올림픽과 정치는 과연 무관한가?

채식주의 선언을 한 이효리

Just One 10 MINUTES~ Just One 10 MINUTES~

10년 전 쯤, 이 노래가 거리마다 흘러나올 때 안 그래도 유명했던 대한민국의 한 여가수는 대중들이 열광하는 톱스타로 변모했고 그로부터 꽤 시간이 지났지만 아직도 그녀는 대한민국이 가장 사랑하는 스타 중에 한 명이다.

모 인기 예능 프로그램에서 고기요리를 특히 좋아하고 한우홍보대사 활동까지 했던 이효리의 짧은 소개문이다. 그랬던 그녀가 돌연 '채식주의'를 선언했다.

사람들은 보통의 여자들이 분기마다 찾아오는 다이어트 욕구처럼 변덕의 하나라고 생각했지만 그녀는 자신의 갖고 있는 모피를 모두 팔아 기부하고 철저한 채식주의 식단을 1년 째 고수해 나가고 있다. 유럽국가 못지않게 육류 소비율이 높은 대한민국에서 '채식주의'라는 단어는 생소했지만 이슈메이커인 그녀의 행보로 요즘 대중들은 채식주의에 부쩍 관심이 많아진 것 같다.

그렇다면 왜 채식주의자들은 '채식'을 고수하는 것일까?, 한우 홍보대사까지 했던 이효리를 변화시킨 것은 무엇일까? 사실 서양에서는 20세기 이후 건강, 윤리, 환경 보호등을 이유로 채식주의자의 비율이 꾸준히 늘어가고 있는 추세다. 식당마다 채식주의자들을 위한 메뉴가 1~2개씩 있고, 식료품 코너도 따로 있다고 한다.

육식의 종말이라는 책을 보면 저자 제레미 리프킨은 육식의 폐해에 대해서 토로하는데 도축의 잔혹함과 현대사회의 소고기 소비로 인한 문제점, 소비를 위해 발생되는 비인도적인 행위에 대한 고발을 보여준다.

유엔 식량 농업기구(FAO)에 따르면 60년대 이래 중남미 산림의 3분의 1이 사라졌으며 대신 목장이 50% 늘어났다고 한다. 남미와 아프리카에서 진행되고 있는 사막화 초기 단계는 대부분 가축 방목의 결과이며 그것은 소가 내뿜는 메탄가스와 함께 지구 온난화의 심각한 원인이 되고 있음이 밝혀졌다.

또한 세계 곡물 생산량의 38%가 가축 사료로 사용되고 있는데 이는 제 3세계 사람들의 생존을 위한 곡물을 가축 사료로 빼앗기고 있는 것이라고 한다. 부유한 사람들의 식습관이 세계 기아의 주원인이 되는 것이다.

가장 1차원적인 접근으로는 동물보호를 들 수 있는데 누구나 도살장에 가본 사람은 절대로 고기를 먹지 못한다고 한다. 도살장에 끌려가는 동물은 본능적으로 안다.

살려고 발버둥치며 눈물을 흘리는 소를 본 적이 있다면 채식주의자들이 채식을 주장하는 이유를 단번에 알 수 있다고 한다. 이렇게 채식주의를 지향해야 하는 이유는 동물보호라는 단순한 접근부터 환경보호, 기아에 이르기까지 살아있는 모든 생명에 대한 존중을 담고 있다.

하지만 현실적으로 어려움이 많은 것도 사실이다. 우선 사회구조학적으로 소고기 산업에 위치한 부분이 너무 크다. 단순히 단기간에 사라질 형태의 산업이 아니라는 것이다. 게다가 육식을 보양으로 여기는 사회적 편견을 깨기가 힘들어 보인다. 비단 이런 문제만 아니더라도 육식이 주는 맛도 포기하기 힘들다.

이런 어려움에도 불구하고 늘어나는 채식주의자들과 그것을 받아들이는 현대사회를 보면 내가 무엇을 먹을지 결정하는 것과 같은 매일 매일 행해지는 기본적인 선택이 나 개인뿐만 아니라 전체 사회에 광범위한 파급효과를 미친다는 사실을 우리가 점차 깨닫는 것 같다.

개인의 식탁의 변화가 지구촌 경제, 기아, 환경등 세계와 어떻게 뿌리 깊게 연결되어 있는지를 다시금 느끼며 이제는 화려한 톱스타라는 이미지보다 진정으로 환경과 생명을 사랑하는 인간 이효리에게 응원의 박수를 쳐주고 싶다.

택시

이틀 전, 서울에 이어 경기도까지 택시비가 인상됐다. 급한 일 때문에 정신없이 택시를 잡아탔던 나는, 요금을 나타내는 미터기를 보며 깜짝 놀랐다. 기본요금이 인상될 것이라는 소식을 뉴스로 접했지만 실제로 오른 미터기를 보니 조금 놀랐던 것이다.

목적지가 그리 길지는 않았지만 짧지 않은 거리여서 기사님과 이런저런 얘기를 나눴다. "기본요금을 인상한 것에 대해서 기사님들은 어떤 생각을 가지고 계세요?" 질문이 떨어지기 무섭게 기사님은 불만을 토해냈다. 기본요금 몇백 원 인상하는 것은 그리 큰 도움이 되지 않는다. 회사에 내야 될 사납금이 더 오를 게 분명하기 때문이라며 뒤에 설명도 붙였다. 현재는 정부에서 사납금을 올리지 못하게 했지만, 그 효력이 4개월이면 떨어지고 그때는 사납금이 현재보다 훨씬 오를 게 분명하다는 것이 그 설명이었다. 그렇게 되면 기본요금 인상은 하나 마나 한 정책이라고 한다.

사실, 요즘 택시기사들의 처우 개선이 시급하다는 얘기가 종종 나온다. 하루 12시간을 꼬박 일하고 가져갈 수 있는 돈은 100만 원 남짓이라고 한다. 개인택시를 운행하는 기사님들은 조금 낫다고는 하지만 그마저도 경기가 안 좋으니 힘들기는 매한가지라고 한다. 현재 전국의 택시는 25만여 대로 포화상태에 달한다. 선거 때마다 지자체장이 표를 의식해 택시업계의 요구를 수용하는 바람에 택시 대수가 불필요하게 늘어났다. 또한, 개인택시를 상속까지 가능하게 만든 양도 · 양수제도 때문에 택시 대수가 필요 이상으로 늘어난 것이다.

이러한 택시 포화상태를 조절하기 위해는 최근 도입된 심야버스, 콜 전용택시, 중소형 셔틀버스 등을 활용해 자체적으로 줄이는 방법이 필요하다. 현재 개인택시 면허는 6500만 원가량에 거래된다고 한다. 2009년 11월 28일 이전에 부여받은 개인택시 면허는 양도나 상속까지도 가능하기 때문이다. 비용이 들더라도 감차를 위한 제도를 만들고 개인택시 양도 · 양수제도를 없애야 한다. 이렇게 택시 대수를 줄여 고급 교통수단으로 만든 뒤 요금을 인상해야 한다. 또한, 택시 대수를 30%가량 줄인 뒤 택시 노동자들에게 사납금 형식이 아닌 전액관리제(월급제)를 적용해야 근본적인 처우개선이 이뤄질 수 있을 것이다.

이번 택시 기본요금 인상안에 대해서 대부분의 시민은 눈살을 찌푸렸다. 승차거부와 엉망인 서비스를 그 이유로 들었다. 하지만 오늘 만난 택시 기사님의 얘기를 들어보니 사정이 이해되기도 했다. 근본적인 문제 해결이 있지 않은 한 이러한 갈등은 계속될 것이다. 600원의 울고 웃는 것이 아니라 실질적인 문제 해결을 위해 고민해야 할 때가 아닌가 생각해 본다.

4장
사랑하며

마치 내일이 없는 것처럼

"Love me like there's no tomorrow."

그룹 퀸의 리드 싱어였던 프레디 머큐리의 곡 중에는 이런 제목의 노래가 있다. 이 노래가거리에서 혹은 이어폰을 통해 흘러나올 때면 가슴이 두근거린다. 그리고 내게 질문을 던진다. 마치 내일이 없는 것처럼 절실하게 나는 사랑할 수 있을까?

누군가는 그랬다. 청춘은 온 몸을 던져서 사랑을 할 나이라고. 하지만 이제 막 20대라는 문턱에서 첫 걸음을 땐 나도, 내 주변의 친구들도 '사랑'앞에서는 한없이 불안한 존재이며 약해지기는 마찬가지다. 스무 살의 사랑은 바람 앞에 흔들리는 촛불과 같다.

나와 여고 동창인 A는 18살적부터 얼마 전까지 옆 남고의 B

와 연인관계였다. 둘은 학교 축제에서 열렬한 고백을 한 B의 용기에 힘입어 오랫동안 꽤 잘 어울리는 연인관계를 유지했다. 사실 둘 다 잘생기고 예쁘기로 소문나서 시기어린 질투와 부러움을 한 몸에 받던 유명인사기도 했다. 예쁜 사랑을 키워 나가던 둘의 관계에 금이 가기 시작한건 A가 명문대에 들어가고부터였다. A는 소위 명문대라고 불리는 서울의 유명대학의 들어가 대학생이 된 반면 B는 공부로는 영 소질이 없어 대학진학이 아닌 취업의 길로 들어선 것이다.

A는 대학생이 되고나서 쏟아지는 미팅 제안과 동아리 활동, 학업활동에 집중하면서 B와의 만남도 소원해졌고 둘은 자연스레 멀어졌다. 그러면서 주위의 말들이 하나씩 들리기 시작했다고 한다. "너 같은 애가 왜 B를 사귀어?", "나 같으면 B랑 예전에 헤어졌어" 처음엔 흘려들었지만 그러한 목소리가 쌓이자 A는 '정말 자신이 B랑 헤어져야 맞는게 아닌가'라는 생각이 들었다. 그러는 와중에 같은 학교의 선배가 고백을 해왔고 내심 싫지 않았던 A는 B와 헤어지고 학교 선배와 사귀기 시작했다. 하지만 새로운 연인과의 만남을 통해 B가 자신을 얼마나 끔찍이 위해줬는지 뒤늦게 깨달았다고 한다.

얼마 전 A와의 만남에서 A는 나에게 이런 말을 했다. "주위사람들의 시선과 입 때문에 어느새 계산적이고 이기적인 사람이 됐어 B와 내가 얼마나 많은 공통점이 있고 취향이 비슷했으며 또 서로를 좋아했는지 잠깐 잊어버렸던 것 같아." A는 후회의 눈물을 흘리며 그렇게 말했다.

A를 보면서 느꼈다. 우리는 어쩌면 사랑도 인터넷 쇼핑처럼 조금의 손해도 보지 않으려고 재고, 재고, 또 재는 것이 아닐까? 그러다 '이정도면 밑지지 않겠다.'라는 생각이 들었을 때 비로소 상대방을 내 연인으로 정하는 것 같다. 나를 포함한 요즘 젊은이들은 옷 한 벌 살 때도 모든 사이트에서 비교하며 가장 좋은 품질과 가격을 찾는다. 옷을 사는 것처럼 사랑도 인터넷 쇼핑처럼 가장 좋은 품질과 가격을 찾아 비교하며 계산적인 사랑으로 변모하는 것 같다. 나의 빈 곳을 채워줄 수 있는 사람. 나와 공통점이 많은 사람. 나를 정말 사랑할 줄 아는 사람 그리고 내가 정말 사랑할 수 있는 사람을 찾는 게 진정 청춘의 사랑이 아닐까?

나에게는 이별 때문에 힘들어하는 A와 달리 이성친구와 한참 좋은 만남을 이어나가면서도 고민에 휩싸인 D라는 친구가 있다. 학교 동아리를 통해 알게 된 D는 대학생이 되고 신입생 환영회에서 처음 본 E에게 호감이 생겼다고 한다. 작은 키에 동그란 얼굴, 눈이 무척 큰 E는 대학교에 입학하고 신입생 티를 벗으려는 듯 자신한테 조금 어울리지 않은 성숙한 파마를 했고 그 모습이 무척 귀여워 보였다고 한다. 빠른 걸음걸이 때문에 걸을 때 조금 어설퍼 보이는 모습까지도 D의 눈에는 사랑스러워 보였고 둘은 곧 연인이 됐다.

연인관계가 된 이후로 D는 곧잘 넘어지는 E를 보며 걸음걸이를 고쳐보라고 충고하기 시작했고 곧이어 E는 종종걸음을 치던 습관을 고쳤다고 한다. 연애기간이 지속될수록 동그란 얼굴에 어색하던 파마가 D의 눈에 거슬리기 시작했고 나이에 맞는 긴 생머리를 권했다고 한다. 얼마 안 있어 E는 곱슬되던 머리카락을 피고 긴 생머리를 갖게 되었다.

그다음 옷 스타일, 매니큐어 색깔 등 E의 모습에 끊임없이 조언을 했고, E는 점점 D가 신입생 환영회에서 봤던 조금은 어설펐던 그 모습이 아니었다. 어느 날 D는 자신의 욕심 때문에 처음 좋아했던 E의 모습이 사라졌다는 것을 느꼈다. 그리고 진심으로 미안함을 느꼈다고 한다. 사랑하는 사람을 오직 내가 원하는 모습으로 만들려 했던 것은 어리석은 짓이라며 스스로를 탓했다.

옛날 돌을 사랑하던 석공이 자신의 생명처럼 돌을 생각하며 온몸으로 보다듬어 주었는데 어느날부터인가 돌의 한 쪽의 튀어나온 부분이 거슬리기 시작했고 참다못해 그 부분을 다듬어 버렸다고 한다.

그런데 다음날 돌을 보니 반대쪽 또한 이상하게 보여 또 다시 그 부분을 정을 가지고 다듬어 버렸다고 한다. 그러다 보니 점점 더 많은 부분이 깎여 나갔고 결국 사랑하던 돌의 모습이 '자신의 모습과 꼭 닮아 있더라'라는 얘기가 떠올랐다.

D뿐만 아니라 주변의 연애를 시작한 친구들을 보면 사랑한다는 것으로 상대방에게 너무 커다란 희생을 요구하는 친구들이

있다. 사랑하는 사람의 외적모습과 성격까지 자신이 원하는 모습으로 만들려하고 나에게만 몰입해줄 것을 바란다. 석공의 돌 같은 행동을 사랑이라고 부르는 것이 정말 맞는 것일까?

사랑이란 서로를 완성시켜주는 관계이다. 그 사람을 통해 나의 가장 아름다운 모습을 볼 수 있게 만들어 주는 것이다. 만약 그 사랑이 자신의 욕심을 위한 요구적인 관계라면 그것은 사랑이 아니다. 우리는 그 사람을 사랑한다고 하면서도 실은 누군가를 사랑하는 감정에 휩싸인 나를 사랑하는 것이다. 그래서 상대방을 나에게 맞추는 행동을 하는 것이다. “네가 사랑하는 사람이 그 친구니 아니면 너 자신이니?” 그날 그러한 고민을 털어놓는 D에게 또 다른 친구가 했던 말이다.

사랑은 힘들다. 그럼에도 불구하고 모든 예술이 사랑을 탓하는 이야기로 시작해서 나중에는 또 다른 사랑을 찾는 노래로 끝맺음을 하는 것을 보면 사랑은 사람이 가질 수 있는 가장 순수하고 강렬한 감정임이 틀림없다. 머큐리의 노래가 또 들리고 그가 내 가슴에 속삭인다.

그대 마치 내일이 없는 것처럼 사랑하라.

꽃이 피듯이

옛날 어느 마을에 사랑이라는 이름을 가진 예쁜 아가씨가 살았습니다. 이 아가씨는 양반가의 귀한 규수로, 얼굴도 예쁘고 마음씨도 아주 고왔어요. 또 어찌나 똑똑한지 사내로 태어났으면 세상을 호령하며 살았을 것이라고 주위에서 칭찬이 자자했어요. 이런 소문이 이 마을과 저 마을 퍼져나간 탓에, 혼담을 제안하는 서찰이 매일같이 끊이질 않았답니다.

그런데 대감댁 자제도, 잘생긴 도련님도 사랑 아가씨 마음에는 차지 않았어요. 자기의 사랑은 이미 정해져 있다는, 왠지 모를 그런 믿음이 있었기 때문이에요. 그러던 어느 날, 사랑 아가씨는 길에서 한 스님을 만나게 됐어요. "관상을 보니, 전생에 못다한 사랑을 아직 잊지 못한 것 같구려." 아가씨는 화들짝 놀라

물었어요. "스님. 혹 그 사랑이 어디 있는지 아시나요?" "만날 인연이라면 만나게 되겠지요. 그리고 아가씨, 혹 다시 만나게 되거든, 꽃이 피듯 사랑을 하세요."

그날, 아가씨는 집을 나섰어요. 무작정 사랑을 찾아 곳곳을 헤맸어요. 그렇게 며칠이 지났을까 어느 날, 드디어 사랑 아가씨의 반쪽을 만나게 됐어요. 어떻게 알아봤냐구요? 운명이니까요. 근데 사내는 사랑아가씨의 상상과는 좀 달랐어요. 옷차림은 후줄근했고, 얼굴은 꾀죄죄하고 말투도 어눌했거든요.

사내의 이름은 질박이랬는데 질박이는 너무 착하다 못해 좀 바보같아 보였어요. 얼마나 바보같냐면 한 번은 피를 빨아먹는 벌레가 질박이 몸에 붙었는데 당최 떼어내지를 않는거에요. 이유는 더 가관인 게, 이놈도 먹고 살아야 될 거 아니냐는 거에요. 그리곤 팔에 붙은 벌레를 행여 다칠까 조심스레 풀숲에 놓아 주는 거 아니겠어요. 또 마을 꼬마들이 산으로 올라와 질박이에게 심한 장난을 쳐도 질박이는 그저 허허 웃을 뿐이었어요. 그러니 사랑 아가씨 속이 안 터지고 배기나요.

사랑아가씨는 생각했어요. '아 그래서 스님이 꽃이 피듯 사랑하라고 한거구나. 지금의 낭군님은 씨앗이야. 내가 이 씨앗을 잘 가꿔 예쁜 꽃으로 피워내겠어!' 사랑아가씨는 질박이의 손을 꼭 붙잡고 말했어요. "당신은 제 운명의 반쪽이에요. 평생을 함께할 제 낭군이죠. 저를 위해 훌륭하고 멋진 장군이 되실 수 있나요?" 사랑아가씨에게 첫 눈에 반한 질박이는 그저 고개를 주억거릴 수밖에 없었어요.

그렇게 사랑아가씨는 일명 '꽃 피우기 대작전'에 들어갔어요. 낮에는 무예를 가르치고 밤에는 글을 배웠답니다. 매일같이 무기를 부리는 기술을 배우면서 질박은 더 이상 작은 동물과 식물을 소중하게 생각하지 않았어요. 또 글을 배우면서 질박은 더 이상 바보가 아니게 됐어요. 세상의 이치를 깨달으면서 셈을 하게 됐거든요. 그렇게 3년이 흘렀어요. 그 순둥이 질박이가 어떻게 됐냐구요? 화살을 쐈다하면 명중! 지나가는 새도 놀라 하늘에서 뚝 떨어 졌답니다. 글은 또 어떻구요 썼다하면 명필, 일필휘지였어요. 변한 건 능력뿐만이 아니었어요. 벌레가 질박이 몸에 붙었다 하면 그냥 작살을 내버렸고 또 감히 동네 꼬마들이 놀리지도 못했죠. 사랑아가씨는 훌륭한 장군으로 변모한 질박이를 보며 자랑스러웠답니다.

그 후 질박이는 무과에 급제해서 훌륭한 장군이 되었습니다. 많은 사람들의 두려움과 부러움을 한 몸에 받게 된 질박이는 더욱 더 사람들에게 자신의 능력을 자랑하고 싶어졌어요. 그런 차에 마침, 이웃나라 정벌전쟁이 있다는 소식을 듣고 질박이는 그 전쟁에 자원하게 되었습니다. 그런데 하늘도 무심하시지 누구보다 용감하게 앞서서 상대편을 죽이고 아군을 이끈 질박 장군은 전쟁터에서 그만 장렬히 전사하고 말았습니다.

그 소식은 온 마을에 전해졌어요. 사랑아가씨는 믿을 수 없었습니다. 그토록 용맹한 자신의 낭군이 죽었다니요. 말도 안 된다고 생각했어요. 전쟁터에서 죽음을 맞이한 질박이의 시체가 집으로 돌아오는 날, 사랑 아가씨는 그제야 질박이가 죽었다는 것을 실감하게 됐어요. 질박의 몸은 차갑디 차가웠거든요.

사랑아가씨는 돌처럼 굳은 질박이의 몸을 끌어안았어요. 질박이의 갑옷엔 생전에 질박장군이 그토록 좋아하던 작은 꽃 한 송이가 붙어있었어요. 그 꽃을 보고 사랑 아가씨는 오래 전 스님이 자신에게 했던 말이 생각났어요. "꽃이 피듯 사랑하세요." 그랬어요. 꽃은 놔두면 스스로 자신이 갖고 있는 아름다움을 뽐낸답니다.

인위적인 환경으로는 꽃을 피울 수 없어요. 자연의 땅, 바람, 비 그리고 햇빛이 꽃을 피우게 만드는 거죠. 사랑아가씨는 그제야 스님의 조언이 무엇인지 깨달았어요.

사랑아가씨는 질박이의 차가운 몸을 끌어안았어요. "누가 이 사람을 이렇게 만들었나요. 꽃과 나무를 사랑하고 자연을 아끼던, 조그만한 벌레 한 마리도 못 죽이던 바보를 누가 이렇게 만들었나요. 어린아이들이 돌팔매질을 해도 그저 웃던, 사람을 사랑하던 이 사람을 누가 이렇게 만들었나요." 자신의 운명은 '질박장군'이 아닌 '질박이'였다는 것을 깨달은 사랑아가씨는 그렇게 한참을 울었대요.

♥

부모님의 사랑

항상 가장 가까이에 있고 '나'라는 존재에 대해 무조건적인 이해와 사랑으로 답해주는 사람이 누굴까? 바로 '가족'이다.

고3엔 항상 불편한 감정을 갖고 있었다. 오로지 하나의 목표를 머리에 새기고 다 같이 뛰기 때문에 친구들에게도 서로의 고민거리를 쉽사리 말할 수 없는 시기였다. 그 당시 나도 그랬고 내 친구들도 그랬다. 수능을 한 달 앞 둔 시점에서는 그게 더욱 심해져 조금만 나의 불편한 감정을 건드리면 별 것도 아닌 일에 눈물부터 쏟아내고 화부터 내는 상황이었다.

불안함과 막막함 그리고 아무에게도 말 하지 못하고 혼자 싸우는 것 같은 외로움의 혼합체가 나의 불편한 감정들이었던 같다. 쌓이고 쌓인 나쁜 생각들의 분출구는 항상 옆에서 나를 가장 잘 이해해주고 믿어주는 가족들이 된다. 당시 나는 항상 가족들에게 불만을 말하고 별 것도 아닌 일에 호들갑을 떨며 유난을 부렸다. "내가 6시까지 깨워달라고 그랬잖아요.", "이게 아니라 다른 책인데 잘못 사오셨어요 몇 번을 얘기했는데…" 불편한 감정들은 머릿속 어딘가에서 때때로 튀어나와 나를 괴롭혔고 나는 그럴때마다 가족들을 힘들게 했다. 하지만 큰 시험을 앞두고 불안해하는 딸이 안쓰러웠는지 부모님은 마냥 나의 못된 언행을 받아주셨다.

내 주변도 상황은 마찬가지라 학교 자습실 앞에선 책과 간식거리를 싸가지고 찾아온 엄마에게 화를 내는 상황도 종종 볼 수 있었고 주말에 일찍 들어오라는 아빠의 전화에 화부터 벌컥 내는 친구들도 있었다.

친구 A도 그랬는데 조언과 격려의 말을 간섭이라 생각하고 아빠에게 하지 말아야할 말들도 쏟아내곤 했다. 그랬던 A가 갑자기 토요일 자습시간에 학교에 오지 않았고 매일 같이 우리 보다 일찍 출근 하시던 담임선생님도 학교에 오지 않으셨다. 그날 반 분위기는 오지않는 담임선생님과 A 때문에 가뜩이나 차가운 가을바람이 더욱 쌀쌀하게 느껴져 어수선하고 싸늘했다.

친구 A와 나는 같은 반을 2년 동안 하고 학원도 같이 다니는 상황이었기 때문에 친한 친구 중에 한 명이라고 생각했고 걱정이 되기 시작했다. 그리고 그런 걱정이 커져 갈 때 쯤 같은 반 친구 한 명이 나를 조용히 복도로 불러냈다. 자습시간이었기 때문에 복도는 지나다니는 사람 한 명 없어 교실보다 더욱 차가웠고 적막까지 흘렀다.

불러낸 친구는 중요한 말이 있는 듯 보였지만 쉽사리 꺼내지 못하고 잡담만 늘어놓았고 그런 잡답에 지루해진 내가 먼저 물어 보았다. "A얘기지, 왜 안와?" 한 참을 침묵하던 친구가 입을 벌렸다. "아빠가 돌아가셨데" 그때서야 아침부터 찜찜했던 기분과 오지 않은 담임선생님 그리고 친구 A까지 모든 의문점이 조각을 다 맞춘 퍼즐처럼 풀렸다. 말해준 친구도 들은 나도 아무 말도 하지 못했다. 이유는 모르겠지만 손, 발이 떨리고 눈에서 눈물이 나오기 시작했다. 그리고 아무 말을 하지 못하고 친구와 나는 오가는 사람 하나 없는 복도에서 같이 손을 잡고 울었다. 아무 준비 없이 아빠를 보넨 가여운 친구 생각에 그렇게 하염없이 눈물이 났다.

친구 A의 집은 그리 넉넉하지 않았고 A의 아빠는 다른 직업이 있는데도 공사장 일을 병행 하셨다. 그날도 여느 때와 같이 공사장에서 포크레인 작업을 하던 순간 누군가의 실수로 포크레인이 쓰러졌고 포크레인에 깔린 아저씨는 그 자리에서 즉사하셨다고 한다. 병원에 도착해서도 치료 한 번 못해보고 가족들에게 어떤 말도 남기지 못하고 그렇게 떠나셨다고 한다.

이제 열 흘 남짓 남은 수능, 돌아가신 아빠, 아직 어린 A의 남동생을 생각하니 마음이 아프고 또 아파왔다. A의 소식을 듣고 다음날 나는 장례식장을 찾았다. 하루 만에 수척해진 A의 얼굴을 보니 오는 내내 울지 않겠다고 다짐했던 결심이 무너지고 눈물이 흘렀다. A도 울고 같이 간 친구들도 울었다. 고3내내 흘렸던 눈물이다. 똑같은 수학문제에서 매번 틀리는 나의 한심함을 보며 문제집을 잡고 울었고, 담임 선생님과 교무실에서 상담을 하다가도 펑펑 운 나이지만 이번 눈물은 더욱 쓰고 매웠다.

사진으로 처음 보게 된 아저씨의 얼굴을 너무 밝으셨고 그래서 더욱 슬펐다. 내려놓은 국화꽃을 보며 이제 든든한 버팀목이 사라진 A를 저기 하늘 어딘가에서 지켜봐달라고 빌고 또 빌었다. 그리고 집으로 다시 돌아갈 때 A는 우리에게 진심이 담긴 눈으로 말했다. "부모님에게 잘해, 정말 소중하고 또 소중한 건 가족이야." A는 아마 기억할거다 아빠가 돌아가시기 며칠 전 자신이 아빠에게 했던 모진 말들이, 그리고 그 말들은 평생 A의 가슴에 박혀 기억나겠지.

배웅을 받고 집으로 돌아가는 길에 본 A의 뒷모습은 작고 연약해 보였다. 이젠 듣지 못할 그리운 아빠의 잔소리를 떠올리며 자신의 미래를 위해 포크레인을 타고 딸의 날개가 되준 아빠를 그리워할 것이다.

장례식장에서 돌아오고 난 뒤 집에 있는 부모님을 보며 감사한 마음이 들었다. 그동안 머릿속에서 콕콕 찌르는 불안함은 아기의 연한 살처럼 예민하게 받아들이면서 가슴에서 울려퍼지는 부모님의 사랑은 발뒤꿈치의 굳은살처럼 무디게 받아들렸던 것 같다. 그 굳은살이 항상 나를 지탱해주고 지켜봐주고 있었다는 것을 잊으면서.

그 일이 있고 3달이 지났다. A는 이제 씩씩해 보인다. 남은 자신의 반쪽 날개와 사랑하는 동생이 있기 때문에 슬퍼했던 시간이 그리 길지 않았다고 한다. 그리고 어디선가 자신을 지켜봐주고 있을 아빠를 행복하게 해주고 싶다고 웃었다. 그날 A는 너무 강해보이고 아름다워 보였다.

부모님의 사랑은 언제나 무조건적이고 나의 뒤에 있을 것 같다는 믿음 때문에 우린 웬만한 일엔 무감각한 굳은살처럼 받아들이는지 모르겠다. 아직도 부모님의 주시는 많은 사랑에 10%도 안 되는 반응을 보이는 나에게 그리고 이 글을 읽는 많은 이에게 곰곰이 생각해보는 시간을 가졌으면 좋겠다. 옛 말에 부모를 잃은 슬픔은 하늘을 잃은 슬픔과 같다는 말이 있다. 하늘은 언제나 나를 감싸며 존재하는 듯 보여 우린 부모님의 사랑을 당연하다는 듯이 받아들이는 건 아닐까? 오늘, A가 나에게 말해준 한 마디가 가슴에 다가와 울려 퍼진다.

더 큰 세상

당시 나는 유치원생이었다. 내가 그때 햇님반이었는지 별님반이었는지 기억은 안나지만 아직도 생생한 일화가 있다. 부모님의 사정으로 잠시 동안 나와 동생은 할머니와 살았다.

지금 생각해보면 할머니는 나와 동생 모두에게 아낌없는 사랑을 줬지만 당시엔 동생만 예뻐한다는 질투 섞인 마음이 가득했다. 일찍부터 영악했던 나는 할머니의 관심을 끌어볼 작정으로 가출(?)을 감행했다.

사실 지금 생각해보면 가출이랄 것도 없었다. 아파트 단지를 사이에 두고 길가가 있었고 나는 길을 건너서, 살고 있는 아파트 단지에서 다른 단지로 넘어간 것뿐이었다.

하지만 어린 내 눈엔 어찌나 새롭고 두려웠던 세계인지 모른다. '할머니가 울면서 찾을 때까지 절대 돌아가지 않을 테다.'라고 마음까지 단단히 먹고 모험에 나섰다.

그렇게 20분이 지났을까? 혼자 돌아다니며 아파트 단지를 헤매다가 나는 덜컥 겁이 나기 시작했다. '이러다 집으로 못 돌아가는 것이 아닐까?'라는 두려움에 휩싸였고 집으로 돌아가야겠다고 마음먹었다. 7살의 '나'에겐 작은 아파트 단지가 내 세계의 전부였고, 맞은편 아파트 단지는 아직은 두려운 새로운 세상이었던 것이다. 새로운 세상을 개척한지 20분 남짓이 됐을 때, 나는 다시 나의 세계로 돌아가야겠다는 생각을 했다. 빨리 할머니가 보고 싶었고, 얄미운 남동생도 보고 싶었다.

집으로 돌아가는 길을 잃어버리지 않았고, 아주 가까운 거리에 있었지만 초조해서 눈물이 날 것 같았다. 집으로 가는 내내 다시는 집을 나가지 않겠다고 다짐도 했다.

그날 집에 도착한 후, 할머니에게 내가 잠시 가출 아닌 가출을 시도했다는 이야기는 하지 않았다. 할머니도 나의 짧은 방황을 알지 못 하는 것 같았다.

당시엔 그게 또 얼마나 서운하던지. 지금 생각해 보면 나에게 이런 순수한 시절이 있었다는 것이 마냥 웃기기만 하다. 고등학교를 졸업하고 나서 비로소 할머니에게 그런 일이 있었다는 것을 이야기했다. 할머니는 미안해했지만 그 무렵 나와 동생을 키워준 할머니는 부모님보다 더 큰사랑을 주며 나를 돌보셨다.

지금은 훌쩍 커버린 나에게 아파트 단지는 더 이상 '큰 세계'

가 아니다. 당시에 할머니가 주신 사랑이 이제는 나에게 더 큰 세상으로 남아있다.

7살의 꼬마에게 맞은편 아파트 단지가 두려움과 설렘이 넘쳤던 큰 세상이었다면, 22살의 나에겐 할머니의 사랑이 더 큰 세상인 것이다.

추모하며…

'죽음은 노고와 고통으로부터 휴식이다.'

봄비가 차갑게 내리던 4월의 어느 날, 할머니의 마지막 가는 길을 보면서 문득 생각난 말이다. 죽음은 당사자나 주변사람들이 아무리 준비를 한다고 해도 항상 낯설고 슬프기 마련이다. 할머니의 죽음이 나에게 그랬다.

내가 초등학교 입학을 막 앞둔 7살 무렵, 할머니는 갑자기 쓰러지셨다. 병명은 '중풍'이었고 할머니 손을 꼭 붙잡고 간 누군가의 잔칫날이었다. 바쁜 부모님을 대신해 몇 년간 나와 동생을 키워주셨던 할머니는 유아시절의 형성된 나의 인격에 지대한 영향을 끼친 분이셨다.

어린 눈에도 나에게 할머니는 '훌륭한 어른'이었다. 누구에게나 따뜻하고 친절한 분이셨고, 못 다한 학업에 대한 꿈 때문이신지 항상 '공부해라, 열심히 해라'하셨지만 명석하고 똑똑한 그 어떤 사람보다도 지혜로운 분이었다. 그렇게 절대적이었던 할머니가 쓰러지신 날, 몇 시간만에 다시 본 할머니는 머리가 하얗게 변해 있었다.

언제나 검은 머리에 나이보다 젊어 보이는 얼굴을 하셨던 할머니기에 그 날 받았던 충격은 10년이 지나도 지워지지 않는다. 할머니 병은 나의 삶을 크게 변화시켰다. 서울로 올라오게 됐고 바쁘셨던 엄마, 아빠와 같이 살게 됐다. 할머니 품에서 항상 엄마, 아빠의 손을 그리워했던 동생과 나는 바쁜 서울 생활과 학교생활에 할머니의 기억을 잊기 시작했다.

1년에 몇 번 가끔씩 찾아가는 요양병원에서 점차 병색이 짙어지는 할머니의 모습을 보면 마음이 아팠지만 내 생활하기에 바빠 이내 곧 잊어버리곤 했다. 그렇게 병원 생활을 한지 10년이 넘었다. 7살이었던 나는, 성인이 됐고 할머니의 부고 소식을 듣게 됐다.

사실 병원에서 마음의 준비를 하라는 얘기를 부모님께 했고 나는 전해 들었다. 전혀 예상치 못했던 죽음은 아니었지만 나는 타고 있던 지하철에서 내려야 했다. 목적지가 아닌 역에서 생각을 했다. 이제 막 성인이 된 나에게 누군가의 죽음은 받아들이기 힘든, 받아들이고 싶지 않은 일이었다.

장례식장에서 밤을 새며 자리를 지킬 때도 실감이 나지 않았다. 손님 맞기에 바쁜 어른들을 대신해 일을 해서 정신이 없었기 때문에 더욱 그랬다. 그렇게 시간이 가고 마지막 날, 화장장에 가게 됐다. 그리고 발인 하는 할머니의 마지막 길을 보게 됐다. 우연인지 아니면 하늘도 정말 슬펐는지 4월의 봄비는 너무 차갑게 내리고 있었다.

1분도 안 되는 시간, 할머니에게 마지막 인사를 건네라고 했다. 모두가 울었다. 그 때서야 처음으로 할머니의 죽음을 받아들였다. 나에게는 너무 멀게만 느껴졌던 '죽음'이라는 단어를 처음 몸으로 느꼈다. 그리고 할머니의 기억들이 주마등처럼 지나갔다. 그동안 바쁘다는 핑계로 한 번도 꺼내보지 못한 추억들이었다.

죽음은 누구에게나 찾아온다. 나 역시 이번 일로 죽음이라는 단어를 아프게 느끼면서 사람의 삶이 얼마나 오래, 길게 사는 것이 중요한 게 아니라 그 삶이 얼마나 옳게, 바르게 살아야 되는 가를 느꼈다. 그리고 긍정적이게 받아들이는 연습을 하기 시작했다. 그동안 병원에만 누워 자유롭지 못했던 할머니는 이제 누구보다 자유롭게 됐다. 그리고 그녀의 삶은 누구보다 옳고 정대했기 때문에 끝도 아름답다고 생각했다.

이제 누구보다 자유로운 삶을 살아갈 할머니를 위해 오늘 기도한다. 할머니, 이제는 하늘에 고요히 흐르는 바람이 되어 가고 싶은 곳 다 가시고 눈 위에서 빛나는 햇빛 되어 영원히 반짝이시고 밤하늘에 반짝이는 별 빛 되어 보고 싶은 것 다 보세요.

그리고 가끔 저희가 보고 싶을 때 오늘처럼 부드러운 봄 비 되어 찾아오세요. 할머니, 사랑합니다.

당신의 아름다움

명절날, 시골집을 향해 가는 길이었다. 아빠와 '아름다움'을 주제로 얘기를 나누게 됐다. 아름다움이란 무엇일까? 질문을 듣자마자 제일 먼저 생각한 것들은 아름다운 여자, 아름다운 꽃, 아름다운 그림 등이었다. 모두 시각적인 아름다움이었다. 내 얘기를 가만히 듣던 아빠는 이어 자신이 생각하는 아름다움에 대해 말했다. 건강함. 행복. 사랑. 아빠는 눈에 보이지 않는 아름다움을 말했다.

"사람들은 흔히 예쁘고, 눈에 보이는 가시적인 것들만 아름답다고 생각하는데 건강, 행복과 같은 보이지 않는 것들이야말로 최고의 아름다움이야"아빠의 얘기를 들으면서 건강한 아름다움을 생각하니 떠오른 일화가 있었다. 중학교 때, 체험 학습으로 올림픽 공원을 간 적이 있었다. 올림픽공원엔 넓은 들판과 새파란 잔디가 깔려 있었고, 아이들은 언덕 위에 올라가 뛰어 놀거나 장난을 쳤다. 나는 친구들과 함께 잔디에 누워서 하늘을 바라보고 있었다. 그때 나도 모르게 "아름답다."라는 감탄사가 나왔었다. 맑은 하늘과 시원한 바람, 초록의 잔디가 아름다움을 만든 건지, 친구들이 뛰놀며 만들어 대던 웃음소리가 아름다움을 만들었는지 아니면 둘 다 인지는 확실하지 않지만 그날의 아름다움은 몇 년이 지난 지금도 잊혀지지 않고 남아있다.

또 한 번은 학교에서 직접 식물을 키운 적이 있었다. 엄마의 마음으로 언제 싹이 날까 기다리면서 두근거렸는데 바람대로 금세 싹이 트고 쑥쑥 크기 시작하더니 이내 뭐가 안 맞았는지 갑자기 시들기 시작했다. 햇빛을 많이 보면 더 빨리 클 줄 알고 욕심내서 햇빛을 보게 한 게 탈이 된 것이다. 물을 듬뿍 주고 그늘에 놔두니 힘없이 잎을 축 내리던 녀석이 언제 그랬냐는 듯이 싱싱하게 물기를 머금고 서 있었다. 초록잎을 반짝이며 서 있던 새싹을 보고 그 순간 아름답다고 느꼈다.

내가 느꼈던 아름다움의 기억들은 모두 말로 설명할 수 없는 것들이었다. 잔디밭에서 느낀 아름다움도, 새싹을 보면서 느낀 아름다움도, 아빠가 말한 '건강함'에서 오는 것들이 아니었을까? 아름다움에 대해 질문을 던진 오늘, 많은 생각을 해봤다. 어쩌면 그동안 내가 가지고 있던 아름다움의 범주는 대부분 가시적인 아름다움뿐이었을지 모른다. 우리는 눈으로 보이는 아름다움을 쫓고, 그것만이 진리인양 말한다. 그래서 사람들은 더 아름다워지기를 원하며 다른 사람들의 시선에 신경 쓰고 눈을 쫓는다. 나도 예외는 아니다. 무리하게 다이어트를 하고, 외모에 신경 쓰고, 많은 옷을 사기도 한다. 하지만 보이는 아름다움에 대한 갈망은 끝이 없어서 더 욕망하게 된다. 또 눈에 보이는 아름다움은 제각기의 눈으로 평가를 하니 사람들은 더욱 더 욕망하게 되는 것이다.

과연 그것이 진정한 아름다움일까? 누구나 공감할 수 있고, 느낄 수 있는 아름다움이 진정한 아름다움이 아닐까 생각해 본다. 오늘 아빠와 대화를 하면서 아름다움에 대해 많은 생각을 해 볼 수 있었다. 사실 그 누구도 아름다움에 대해 정의할 순 없을 것이다. 하지만 한 번쯤은 내가 생각하는 아름다움에 대해 고민해 보는 것이 어떨까? 나는 보이는 아름다움만 쫓으며 살고 있는 건 아닌지, 진정한 아름다움은 무엇인지 말이다.

"당신이 생각하는 아름다움이란?"

‘질투심’에 잠 못 이루는 밤

첫 사랑이 잘못되면 가슴이 아프고,
첫 사랑과 결혼하면 머리가 아프고,
첫 사랑이 잘되면 배가 아프다.

인간은 시샘하는 동물이다. 사촌이 땅을 사면 배가 아프고, 남의 떡이 더 커 보이듯이 이 묘한 감정은 우리 선조시대부터 시작된 아주 오래된, 그리고 누구나 갖고 있는 감정이 분명하다. 정말 친한 친구에게도 심지어 가족 간에도 일어나는 이 감정을 우리는 ‘질투’라 부른다. 질투의 사전적 정의를 보면 첫 번째, ‘부부 사이나 사랑하는 이성(異性) 사이에서 상대되는 이성이 다른 이성을 좋아할 경우에 지나치게 시기함'이다. 두 번째, '다른 사람이 잘되거나 좋은 처지에 있는 것 따위를 공연히 미워하고 깎아내리려 하는 것'이다.

첫 번째 정의의 질투는 도덕적인 행위와는 조금 벗어난 감정의 표현이라고 할 수 있다. 도덕적 행위란 인간관계에서 요구되는 규칙 혹은 원리를 준수하는 것 이다. 하지만, 부부 혹은 연인되는 사람이 다른 이성을 좋아할 경우 시기하는 건 우리 사회에서 사람과 사람사이에서 요구되고 준수해야 하는 것과는 거리가 멀다. 오히려 그러한 상황에는 반대로 질투를 하는 사람보다 질투를 일으킨 발생 원인에게 질타가 가기 마련이다.

반면, 두 번째 정의의 질투는 도덕적 행위와 관련이 깊다. 이 경우의 질투는 인간관계에서 용인되지 않기 때문이다. 우리는 그걸 알기에 쉽사리 두 번째 정의의 질투를 들어내지 않고, 표현하지도 않는다. 하지만 이러한 질투는 내가 원하지 않고 또 나에게 이익이 되지 않음에도 불구하고 자신이 자각하지 못하는 사이에 발생된다.

최근 인기리에 방영되었던 드라마에서, 여주인공은 자신보다 못하다 생각했던 친구가 어느 순간 승승장구하는 모습을 보며 질투심에 잠 못 이룬다. 아무도 그녀에게 뭐라고 하지 않았음에도 불구하고 그녀는 스스로 친구에게 질투심을 느낀다. 이 장면에서 자발적인 질투가 발생되는데 주인공은 자신이 친구를 질투하는 것에 부끄러움을 느낀다. 또한 그러지 않으려고 노력하지만 질투심에 몸서리치는 자신을 발견한다.

나 또한 위의 이야기와 비슷한 일을 최근에 겪었다. 고등학교 재학시절 친했던 무리가 있었는데 친구들은 모두 나보다 학업적인 측면에서 뛰어났다.

그 중의 한명이 유독 두각을 보였는데 부모님도, 선생님도, 주위의 친구들도 그 친구가 명문대에 진학할 것이라 믿어 의심치 않았다. 하지만 입시는 그리 호락호락하지 않았다. 제일 뒤떨어진다 생각했던 나는, 그 무리에서 가장 이름이 난 대학교에 진학하게 되었다. 뿐만 아니라 무리의 친구들이 대부분이 전문대에 진학하게 되었고 뛰어났던 친구도 그 안에 포함되었다.

친구는 모임을 가질 때마다 술이 조금 들어가면 하소연하며 눈물을 보였다. 1년 후 편입을 준비한다며 선언했고 나는 큰 격려와 응원을 보냈다. 정말 열심히 노력했는지 그토록 바라던 대학교에 합격했다는 소식이 들렸다.

친구의 소식을 처음 들었을 때, 나는 묘한 감정에 휩싸였다. 친구는 정말 노력을 했고 나는 그 사실을 알았지만 그 감정은 오래갔다. 돌이켜보면 그 친구가 충분히 가고도 남을 대학교였다. 하지만 나는 드라마 속 여주인공이 그랬듯이 질투심에 잠 못 이뤘다.

친구에게 질투의 감정을 느낀 건 합격한 대학교가 내가 어렸을 때부터 꿈꿔왔던 곳이여서 그랬을 것이다. 하지만 그 이유가 당시 느꼈던 질투를 모두 다 설명하지는 못한다.

나는 현재, 꿈꿔왔던 대학교 못지않은 곳에 재학 중이며 학교 생활에 만족하기 때문이다. 하지만 나의 대학교와 친구의 대학교를 비교하며 우위를 두었고, 혹시나 고등학교 때 친구를 만나더라도 그 친구의 얘기를 절대 꺼내지 않았다.

생각해 보면 당시 나는 사회적 위치가 위협받고 있다는 불안감에 휩싸인 것 같다. 사실 이 위치의 위협이라는 것은 사회적 의미로 여러 사람들과의 관계일 수도 있지만 본질적으로 스스로 자신에게 부여한 위치(자존감)에 가깝다. 즉 드라마 속 여주인공과 내가 질투를 느꼈던 이유는 '자존감(자아존중감의 준말)의 박탈'에 있는 것이다.

나 혹은 우리는 나름대로 치열하게 살아오면서 스스로를 지키기 위해 견고하게 쌓아온 성이 있다. 어느 날 그 성이 남과 비교하여 초라하게 느끼기기 시작할 때, 열등감과 함께 곧 자신의 성이 무너질 것 같다는 불안감에 휩싸이게 된다.

그리고 성을 무너트린 사람에게 표출되는 감정이 바로 '질투'인 것이다. 이러한 질투는 자신이 원하지 않고 또 나에게 전혀 이익이 되지 않는데도 내가 자각하지 못하는 사이에 휩싸이게 된다. 또한 자신과 가까이에 있거나 비슷하다고 생각한 사람일수록 이 성의 비교는 더욱 쉬워지고 감정(질투)도 커지게 된다.

그러나 내가 그랬듯 자신의 성을 지키려는 마음에서 나오는 질투는 스스로에게 상처를 내는 행위에 불과하다. 남보다 내가 더 나아야 하는 마음. 질투심은 지나친 자기애이며, 자존감을 건강하게 지키는 것과는 거리가 멀기 때문이다.

밤에 잠 못 이룰 때도, 다른 친구들에게 그 친구의 얘기를 하지 않을 때도 나에겐 아무런 득이 없었고 또한 매번 나 스스로를 흠집 내기까지 했다.

질투심은 어찌 보면 '자신을 사랑하는 마음(자기애)을 인정받지 못한 것에 대한 질투'인 것 같다. 이 같은 감정을 극복하기 위해선 자신의 성을 누구와 비교하지 않고 진심으로 사랑하는 일에 달렸다. 사람은 누구나 어떤 기준을 세워 끊임없이 그곳에 자신을 맞추려하기 때문에 자기 자신을 온전히 사랑하기란 생각보다 어려운 일일 것이다.

하지만 스스로를 진심으로 사랑하고, 남과 나의 성을 비교하지 않았을 때 비로소 나의 성을 지켜낼 수 있고 더욱 더 단단하게 만들 수 있을 것이다. 진정한 나의 내면과 마주하며 인정했을 때, 비로소 극복하는 것이다.

나의 생은 미친 듯이 사랑을 찾아 헤매었으나
단 한 번도 스스로를 사랑하지 않았노라

– 기형도, 〈입 속의 검은 잎〉, (1989)

청춘의 빗방울

비를 부르기 전 공기는 특유의 향을 머금는다. 그 향은 달콤하기도 하고 비릿하기도 하다. 내게 곧 비가 올 것이라고 속삭여주는 것 같기도 하다. 하지만 오늘 같이 소나기가 내리는 날엔 나는 예고 없이 다가온 빗방울의 당황하기도 하고 화가 나기도 한다.

후두둑 내리는 비를 맞으며 집으로 향하는 길에서 나는 알 수 없는 감정에 휩싸였다. 하늘은 잿빛으로 변했고, 나처럼 비를 예견하지 못한 사람들의 발걸음은 빨라졌다. 여름이 오기 전 빗방울은 차갑고 아프다. 이미 젖어버린 옷과 몸을 보면서 최대한 비를 막아보려고 애쓴 나의 손이 우스워졌다. 더 이상 비를 막으려고 이리 저리 손을 바삐 움직이지 않으니 빗방울이 몸에 닿는 게 느껴졌다.

빗방울이 아프게 내려온다. 피부 하나하나에 닿는 빗방울이 내게 슬픔과 아픔을 만든다. 비를 맞으며 길 한가운데 서서 있는 나를 보고 있자니 어쩌면 나의 마음을 대변 해주는 것 같았다. 지금 나는 이렇게 어지러운 길 한가운데 서 있다. 곧 있으면 더 큰 세상으로 나아가야하기에 무섭고 두렵다.

이제 막 20대의 시작 앞에 서 있는 나는, 지금 비를 맞고 길 한가운데 서 있는 모습과도 같다. 나의 현재 마음을 비추는 빗방울 하나하나에 나는 더 큰 고독함과 더 깊은 상실감을 느낀다. 빗방울 하나에 끼치는 고독함은 불안정한 지금의 위치를 보여주는 것이었고, 빗방울 하나에 끼치는 상실감과 불안함은 이제 나의 삶을 스스로 택해야 한다는 두려움이었다. 어느새 창밖에 내리는 빗방울 소리가 야속해져만 갔다.

소나기는 항상 슬픔을 가져온다. 산골 소년과 전학 온 소녀의 아름다운 이야기를 담은 어느 소설에서도 소나기는 이별과 죽음을 몰고 온다. 갑작스레 내리는 빗방울은 소년에게도, 소녀에게도, 나에게도 슬픔을 가져온다. 네모난 창틀을 바라보며 빗방울을 따라가 본다. 시멘트 주차장 옆의 가녀린 풀 한포기가 피어있다. 억센 비를 맞으며 제 몸을 힘겹게 세운다. 저 풀에게도 세찬 소나기는 시련인가.

고개를 숙인 풀은 무섭게 내리는 소나기에 비해 너무나도 여렸다. 침대에 누워서 빗방울 소리를 들어본다. 화가 난 사람처럼 비를 뿌리던 소나기가 그 기세를 누그러뜨린다. 굵은 빗방울 소리는 조금씩 약해져간다. 멈추어가는 빗방울은 하나씩 떠날 준비를 한다. '또 다른 곳에 슬픔을 가져다 줄건가.' 괜한 심술이 났다. 열어 놓은 창문에서 비 온 뒤 시원함과 상쾌함이 전해온다.

창밖은 더 이상 잿빛 세상이 아니었다. 세상의 색깔들이 더욱 선명해지고 진해져 있었다. 비로 인해 모든 것이 불투명해진 것 같았지만 비가 그친 자리엔 더욱 짙은 녹음이 자리 잡기 시작했다. 비 온 뒤 세상은 더욱 강한 생명의 냄새를 머금었다. 꿋꿋이 버틴 풀 한포기가 맑은 물방울을 머금고 서있다. 풀은 더 이상 연약해 보이지 않았다. 오히려 그 강인함을 뽐내듯이 더욱 꿋꿋이 서있었다. 더 선명한 녹색의 생명력을 자랑하며. 그렇게 서 있다.

혼란스러웠던 마음이 점차 뜨거워진다. 상실감, 불안감, 고독함 모두가 비로 인해 시작됐지만 비로 인해 다져진다. 예고 없이 내리는 비는 미처 준비하지 못한 나에게나, 풀에게나, 소년에게나 아픔을 가져 온다고 생각했다. 하지만 세찬 빗방울은 나의 마음을 다져놓고, 풀에게 더욱 진한 생명력을 뿌리고 소년에게는 어른이 되어가고 있음을 말해준다.

풀이 머금은 물방울처럼 나도, 소년도 더욱 강해질 것이다. 누군가 말했다. 청춘은 아프다고. 짧게 내린 한바탕의 소나기를 바라 보며 오늘 하루 괴로웠던 것은 괜한 청춘의 아픔이 아니었을까? 많은 시간이 흐른 뒤 나를 되돌아보며 오늘을 상기시킬 때 혼란스러웠던 마음 한 구석은 추억으로 남아있을 것이다. 그리고 그리워질 것이다. 그때는 갖지 못할 청춘의 아픔이니까.

소나기가 내린다. 내게 청춘의 빗방울을 뿌리며 소나기가 내린다.

5장
생각하며

I'm blue (난 우울해)

대한민국이 세계 1위인 것은 무엇이 있을까? 핸드폰 보급량, 반도체 생산량, 양궁, 교육열 그리고 자살률.

한국에서 하루 평균 42.6명씩, 연간 1만5566명이 자살한다. 인구 10만명당 31.2명으로 OECD 평균(12.8명)의 2.4배나 된다. OECD 국가 가운데 2 · 3위인 헝가리(23.3명) · 일본(21.2명)과 큰 격차를 두고 8년째 '자살률 1위'라는 기막힌 기록을 갖고 있다.

그렇다면 왜 이런 높은 자살률을 보일까? 주요 자살의 이유론 그 첫 번째가 정신적 문제, 질병, 경제적 어려움 등이 있다고 한다. 바로 마음의 문제가 가장 큰 자살원인이라는 것이다. 흔히들 우울증이라고 불리는 이 현대병은 오늘날 성인 100명 중 3

명이 평생 한 번 이상의 경험을 한다고 한다. 또한 세계보건기구는 2020년에는 우울증이 심장질환 다음으로 위험한 질병이 될 것이라고 예언했다.

우울증은 동서고금을 막론하고 존재하는데 서양 문화권에서는 우울함을 상징하는 전통적인 색깔은 Blue(푸른색)다. "I'm blue"는 "나 우울해"라는 의미를 가지고 있다. 그 외에도 영어로 '우울'을 의미하는 단어는 꽤 많다.

'우울증'은 우울장애라는 공식명칭을 갖고 있는 매우 심각한 정신질환 중 하나다. 발병원인도 환경적인 요인뿐 아니라 뇌생리학적 요인과 유전적 요인 등으로 다양하다. 핵심 증상으로는 만성적인 우울감, 삶에 대한 흥미 및 관심 상실, 자살 시도 등이 있다. 우울증 환자 중 많은 수가 수면 장애와 식욕감소, 피해망상과 불안증 등의 증상을 가지고 있다.

하지만 정작 우울증 환자 자신은 자신이 우울증이라는 것을 인식하지 못하고 주변사람이나 전문가에게 자신의 고통을 호소하려는 생각조차 하지 않는다. 우울증 환자의 2/3가 자살을 생각하고 10~15%가 실제로 자살을 시행한다는 통계에 따르면 자살의 직접적인 원인 중 거의 60%가 우울증이고 볼 수 있다. 그럼에도 불구하고 동양 문화권에서는 전통적으로 우울증을 정신질환으로 보지 않으려는 경향이 있다. 이는 복잡화, 속도화, 경쟁화되고 있는 현대사회의 추이에 비추어 매우 위험한 사고방식이라고 할 수 있다.

2008년 국정감사에서 민주당의 한 의원은 한국정부의 자살 통계가 전혀 체계적이지 않으며 부정확하다고 비판했다. 보고에 따르면, 한국의 경우 자살통계를 내는 두 기관의 통계상 차이는 엄청나다. 경찰추산으로는 통계청이 발표한 6,500명 보다 두 배 가까이 많은 사람들이 자살을 했다고 보여진다.

위의 자료가 우울증에 몹시 취약한 한국사회의 문제점을 지적하고 있다. 교통사고로 사망한 사람들과 우울증으로 자살한 사람들의 수치가 비슷한 것이다. 그럼에도 불구하고 교통사고를 줄이기 위해 투자되는 국가적 차원의 대책 및 캠페인에 비해 우울증과 자살에 대한 대책과 대안은 거의 전무한 실정이다.

우울증은 '마음의 병'이 아니라 조기치료 시 완치율이 70~90%에 이르는 '뇌의 질환'이라고 한다. 우울증이 의심되는 국민 두 명 중 한 명은 치료를 전혀 받지 않는다고 하는데 신체의 건강만큼이나 정신적인 건강의 중요성을 다시금 생각해 볼 때가 아닌가 싶다. 또한 자살율 1위라는 불명예를 벗기 위해 국가적 차원에서의 예방책을 세워야 될 것이다.

"우울증은 당신이 길을 벗어났으니 방향을 바꿀 필요가 있음을 경고해주는 신호다. 삶의 방향을 재정립해 해결책을 찾게 해주는 일종의 선물인 것이다."

눈물의 선물

크리스마스를 며칠 앞둔 어느 오후, 거리 곳곳에는 이제 제법 크리스마스 분위기가 난다. 어느 가게를 들어가도 작은 크리스마스 장식 하나는 꼭 놓여 있고 TV와 라디오에서는 벌써 캐롤이 흘러 나와 사람들의 들뜬 마음을 더욱 설레게 해 놓는다. 낯익은 캐롤도 라디오에서 흘러나온다.

"울면 안 돼 울면 안 돼 산타 할아버지는 우는 아이에게 선물을 안 주신대~" 내가 어렸을 적부터 들었던 캐롤이다. 누가 작곡 작사한 노래인지는 모르겠지만 전국의 부모들은 아마 이 작곡가에게 고마움을 전해야 할 것이다. 그도 그럴 것이 이 노래로 떼를 부리며 우는 자녀들의 눈물을 쏙 들어가게 하지 않았는가. 물론 그 유예기간이 12월 한 달로 한정된 노래지만 나도 어렸을 적에 몇 번 크리스마스를 앞두고 협박 아닌 협박을 받았던 것 같다. 물론 자녀 입장에서도 나쁜 제안은 아니다. 눈물을 멈추면 어딘가에서 지켜보고 있을 의문의 인심 좋고 배불뚝이의 할아버지가 근사한 선물을 준다니 얼른 나오지도 않던 억지 눈물을 걷는 것이 우는 아이입장에서도 꽤나 이익일 것이다.

조금 나이가 차면 이런 노래가 없어도 눈에서 흐르는 이 액체를 사람들은 부끄러워하게 된다. 대한민국에서는 '남자는 죽을 때까지 눈물을 3번 흘려야 돼.'라고 횟수까지 정해 놓은 걸 보면 정말 이 우리 몸에서 흘러나오는 근원적인 액체는 부끄러운 존재인 것 같기도 하다.

하지만 이 눈물이 우리에게 가져다주는 선물은 생각보다 크다. 미국의 생화학자 윌리엄 프레이 박사는, 양파를 깔 때처럼 감정 없이 흘리는 눈물과 달리 기쁠 때나 슬플 때 흘리는 눈물에는 카테콜라민이 다량 함유되어 있다는 사실을 밝혀냈는데 이 '카테콜라민'은 인간이 스트레스를 받을 때 몸속에서 대량 생성되는 호르몬으로 반복적으로 축적되면 다양한 질병을 야기한다고 알려져 있다. 즉 인간의 눈물은 카테콜라민을 몸 밖으로 자연스럽게 배출시켜주는 '자기 방어수단'이라는 것이다.

다양한 사회 억압으로 자신의 감정표현을 극도로 억제하며 살고 있는 현대인들을 위한 '울기 프로그램'도 있다. 미국에서 심리치료요법의 일종인 '프라이멀 요법'은 인간 감정의 초기단계라고 할 수 있는 유아기의 고통을 다시 경험하게 함으로써 인간 내면의 상처를 치유하는 방법이라고 한다. 비트즈 멤버 존 레

논이 이 프라이멀 요법을 직접 경험한 후에 그의 유명한 노래 'Mother'을 만들었다는 이야기는 이미 유명한 얘기다.

우리는 1분에 15번 눈을 깜빡이고 그때마다 1/6초정도 앞을 보지 못한다. 매일 깨어 있는 시간 중 23분을 잃는 대신 얻는 것은 1ml의 눈물이다. 눈물은 많은 수의 세균들을 1시간에 99%, 3시간 후에는 99.99%를 죽인다고 한다. 영국의 다이애나 황태자비가 교통사고로 사망한 후 갑자기 영국 내 우울증 환자의 수가 절반으로 줄어들었다고 하니 인간의 몸에서 나오는 이 근원적인 액체는 자신의 아픔의 액체화가 아닌가 싶다. 눈물은 더 이상 부끄러움의 존재가 아니다. 눈물이 주는 선물은 우는 아이를 달래는 산타의 선물보다 더욱 크고 값진 것일 것이다.

울지 않는 사회, 울지 않는 사람들.
울어라 세상도 함께 울어줄 것이다.

웃으니까 행복하다

며칠 전 꿈에서 드라마와 예능을 종횡무진 하는 인기 모 남자 배우가 나왔다. 장소는 수영장이었는데 수영을 하던 남자배우가 돌연 수영복이 벗겨져 엉덩이가 보였다. 수영장에 있던 많은 사람들이 웃음을 터트렸고 나 또한 크게 웃었던 것 같다. 박장대소를 한참 하다가 불현듯 잠에서 깼다. 웃으면서 아침에 일어난 것이다.

어렸을 적에 낭떠러지에 떨어지면서 일어난 적은 있어도 박장대소를 하면서 눈을 뜬 적은 처음이여서 그날 만나는 사람마다 내 꿈을 자랑했다. 그렇게 웃으면서 시작한 나의 하루는 웃으면서 마감했다.

초등학교 시절엔 왜 그렇게 즐거운 것들이 많았는지 지나가는 돌멩이만 봐도 까르르르, 친구가 한 대 툭 쳐도 까르르르 하루 종일 웃으면서 다녔다. 중고등학교 시절에도 학교와 학원을 오가면서 힘들다 투정부리다 친구가 실없는 소리 한 번 하면 손뼉을 치면서 함께 웃었던 것 같다.

성인이 되면서 이젠 실없는 소리를 하는 친구보다 연애상담, 진로변경에 대한 고민을 함께 나누는 친구가 더 많아졌고, 가끔가다 농담 어린 얘기를 해도 유치하다는 반응이 더 클 뿐이다.

나이와 함께 철이 든 건지 성인이라는 책임감이 함께 하는 건지, 나이와 웃음은 반비례가 되는 것 같다. 사실 사람이 나이가 들면 들수록, 뇌가 점점 쭈그러 들게 되는데 그 만큼 나이가 들수록 사회성이 떨어진다고 한다. 웃음과 사회성은 깊은 연관성을 가지고 있고, 이러한 사회성이 떨어지면서 나이가 많이 들수 록 웃음이 줄어든다고 본다.

어린 아이의 경우 뇌의 기능이 완벽하지 않기 때문에 감정조절이 어렵다. 그렇기 때문에 사소한 일에도 많이 웃게 되는 것이고 청소년의 경우 뇌의 기능이 어느 정도 자리를 잡고 사회를 접하면서 받는 스트레스로 웃음이 점차 사라진다고 한다.

성인~노년기에 들어서면 뇌기능이 완성되고 사회에 진출하면서 이전까지의 생활이 굳어지고 무표정한 얼굴과 자신감이 감소하면서 웃음을 거의 띄지 않게 된다.

하지만 웃음은 만병의 통치약이라고 불린다. 나이를 먹을수록 찾아오는 모든 병의 예방은 웃음이라고 볼 수 있다. 웃음의 첫 번째 효과는 스트레스 해소인데 웃으면 부교감 신경이라는 부분이 활성화 되면서 스트레스 해소에 효과적이며 많이 웃을

수록 행복한 감정을 더 많이 느낀다고 한다.

두 번째는 치료효과인데 웃음은 우리 건강을 지켜주고 치유하는 효과가 있다고 한다. 많이 웃을수록 혈액순환이 활발해지고 혈압이 낮아지며 인체 내 면역 체계가 강화된다고 한다.

특히 암과 같은 큰 병에도 웃음 효과가 입증되었다고 하는데 하루 45분을 웃으면 고혈압, 스트레스 치료가 가능하고 암을 이길 수 있는 세포가 활성화 되며 심장병에도 탁월하다다고 한다.

마지막으로 다이어트 효과인데 웃을 때 많은 칼로리가 소모된다고 한다. 크게 웃으면 복근의 근육들이 움직이는데 이때 배의 근육들이 아주 힘차게 움직인다고 한다.

웃을 때 복식호흡을 하게 되면서 배의 근육들이 움직이고 이는 칼로리 소비로 이어지는 것이다. 그 소비되는 양이 산책하는 것보다 높은 효율을 자랑한다고 하니 해 볼 만한 다이어트 방법이다.

사람이 70세까지 산다고 가정했을 경우 잠자는 시간 28년, 화내는데 약 7년, 세수하고 양치질하는데 2년을 소비하지만 웃는 시간은 겨우 46일 밖에 안 된다고 한다.

세수하고 양치질하는 시간보다 적게 웃으면서 우리는 사는 것이다. 웃음은 흉내만 내도 똑같은 효과가 있다고 한다. 정신과 육체의 건강을 함께 잡을 수 있는 이렇게 쉬운 방법이 또 어디 있을까?

잃어버린 목소리

"너 어제 TV봤어? 걸 그룹이라고 어디 듣보잡이 나와서 근자감쩔더라, 완전 귀척하구."

"그니까 나 어제 멘붕왔어."

이 대화는 실제로 지난주, 버스를 이용하다 여중생들이 하는 말을 들은 것이다. 해석을 하자면 듣보잡은 듣도 보도 못한 잡놈 혹은 잡것의 줄임말이고, 근자감은 근거 없는 자신감의 줄임말이다.

귀척은 귀여운 척을 줄여서 말하는 인터넷 상의 은어이고, 멘붕은 그중 가장 최근에 생긴 신조어로 인터넷 게임에서 유래되었는데 정신이 무너져 버린다는 뜻으로 너무 심각한 충격을 받고 자포자기하거나 막나가는 상태를 칭한다.

빠르게 인터넷상의 문화와 대중매체를 받아들이는 10대와 20대에게 이 대화는 그리 낯설지도, 불편하지도 않은 평범한 일상이겠지만 기성세대들에게는 어떻게 다가올지 모르겠다. 나 또한 위 대화가 낯설다는 느낌은 없고 몇 개의 단어들은 자주 사용하기까지 한다. 이처럼 한글파괴는 우리 사회에서 너무나 당연하게 너무나 쉽게 이루어지고 있다.

영어, 프랑스어, 독일어, 일본어, 러시아어, 스페인어, 중국어, 아랍어, 한국어, 포르투갈어등 세계지적재산기구(WIPO)가 지정한 '국제 공개어'는 10개이며 영어, 프랑스어, 러시아어, 스페인어, 중국어, 아랍어등 국제사회에서 통하는 'UN공용어'는 6개다. 나머지 6,000여 종의 언어를 쓰는 사람들은 지구 전체 인구의 단 1%뿐이라고 한다.

1916년 백인들에게 학살당한 야히 족의 역사를 유일하게 '야히 어'로 알고 있던 아메리카 인디언 이시가 사망했다. 1992년 자신만이 알고 있던 '우비크 어'로 미리 묘비명을 써 놓은 터키의 농부 테비크 에센크가 사망했다. 1996년 '수 어'로 전해 내려온 수많은 삶의 지혜와 선조들의 위대한 가르침을 홀로 가슴에 품고 카토바 족의 붉은천둥구름이 미국 사우스 캐롤라이나에서 눈을 감았다. 이렇게 매년 지구상의 언어가 10개씩 사라지고 있다.

언어는 화자와 청자의 의사소통의 수단이라는 기본적인 기능뿐만이 아니라 그 언어를 사용하는 집단의 역사와 정체성, 그리고 문화를 고스란히 반영하고 있다. 따라서 한 나라의 언어는 그 나라를 대표할 수 있는 상징성을 띠고 있으며 그 나라의 문화를 가늠해볼 수 있는 중요한 척도가 된다.

하지만 다양한 매체가 발달하면서 우리의 소중한 언어는 많이 훼손되고 있다. 온라인과 오프라인을 불문하고 온갖 형태의 알 수 없는 말들이 범람하며 언뜻 봐서는 무슨 말인지 의미파악조차 되지 않는 말같지 않은 말들로 도배되어 있는 것이 우리 국어의 현실이다.

온라인이라는 가상의 공간에서 생겨난 문화는 '표현의 다양화'라는 장점도 갖고 있지만 '문법의 파괴'라는 치명적 단점도 같이 따라오는 이중성을 띈다. 문법의 파괴로는 신속성과 효율성만 따지는 온라인 채팅과 문자메시지 때문에 띄어쓰기를 중요시 안하는 문제가 있다.

두 번째로 정체불명의 말들이 사용된다는 것인데 이러한 말들은 표준어가 아님은 물론, 이러한 말들이 널리 사용됨으로써 기존의 표준어가 쓰이지 않게 되는 현상까지 생기게 되므로 아주 심각한 현상이라 할 수 있다. 또한 '초성'으로만 문장을 만드는 과도한 줄여쓰기가 빈번하게 사용되고 있어 우리말 훼손뿐만 아니라 세대 간, 계층 간의 분화로까지 이어진다.

언어는 현재 지구상의 그 어떤 동식물보다도 훨씬 심각한 멸종위기에 놓여있다고 생각한다. 이 주에 한 개꼴로 언어가 사멸되고 있는 현재, 우리말을 가볍게 생각하고 무분별한 언어파괴

현상을 당연시 받아들이는 우리의 마음가짐을 바꿔야 될 때가 아닌가 생각해보며 나부터 돌아본다.

'언어를 잃어버린다는 것은
시간과 계절, 식물, 수학, 풍경, 음악, 매일 매일에 대해
수 세기에 걸쳐 인간이 생각해온 모든 것을 잃는 것이다.'

자유로부터의 도피

사람들은 어째서 억압을 꿈꿀까?

경기도 시흥의 한 유흥가에는 밤이건 낮이건, 비가 오나 눈이 오나 하루도 빠짐없이 호객 행위를 하며 성매매를 해온 여성이 있다. 그녀는 그 바닥에선 보기 힘든 '엘리트 여성'이었고 미대를 졸업해 미술 교사로 일하며 한 때 행복한 가정을 꾸렸다. 그러던 어느 날 그녀는 전치 12주 폭행으로 중환자실에 실려 갔고 가해자로 지목한 사람은 '선녀님'이었다.

지난 7일 방송된 SBS '그것이 알고 싶다'의 내용이다. 그녀는 그 외에도 하루 한 끼, 라면 3개를 한꺼번에 먹어라. 남편과 이혼하라. 가족과 연락을 끊어라. 성매매를 해서 돈을 바쳐라 등

선녀님의 이상한 주문을 계속 따랐다고 한다. 이 사건을 보면서 얼마 전 평범한 한 가정주부가 제 손으로 두 딸을 살해한 사건이 생각났다. 친 엄마가 자신의 두 딸을 살해한 이유는 '누군가의 지시'에 의해서였다.

이런 기막힌 일들이 어떻게 우리 주변에서 일어난 것일까? 스탠리 밀그램은 미국의 사회 심리학자이다.

그는 1963년 '징벌에 의한 학습효과'를 측정하는 실험을 했다. 실험에 참여할 사람을 공개적으로 모집했고 참여 대가는 4달러였다. 지원자를 두 그룹으로 나누어 한 쪽에는 선생 역할을, 다른 한쪽에는 학생 역할을 맡겼다. 그리고 선생은 문제를 틀린 학생에게 15볼트의 전기충격을 가하도록 한 후 오답이 나올 때마다 전압을 15볼트씩 높이도록 했다. 실험이 시작되자 칸막이 너머에서 비명과 욕설, 심지어 불길한 침묵이 계속 됐지만 실험은 강행되었다.

그러나 이 실험은 사실상 사기였다. 학생 역은 지원자가 아니라 '의도적으로 틀린 답을 말한'실험팀의 일원이었고, 전기충격과 칸막이 너머의 고통반응은 연기일 뿐이었다. 실험의 진짜 의도는 '징벌을 가하는 선생의 윤리적 태도'를 연구하고자 한 것이었다. 실험팀은 원래 150볼트 이상의 상황에서 대부분 지원자들이 실험을 거부하리라 추정했으나 결과적으로 지원자의 65%가 권위자의 지시를 끝까지 따랐다.

"제 자신이 이해가 안 됩니다."

"시켜서 한 것 뿐이에요."

인간에게 치명적인 450볼트까지 전압을 올린 65%의 실험자들은 실험이 끝난 뒤 자신의 행동에 믿을 수 없다는 반응을 보였다. '권위에 대한 복종'을 보여주는 이 실험은 우리사회 곳곳에 퍼져있는 문제들과도 겹쳐진다. 처음엔 소수의 아이들이 한 친구들 괴롭히다 결국엔 학급 전체가 그 학생을 괴롭히게 되는 학교 내 왕따 문제부터 직장이나 단체에서 윗사람들의 지시가 부당하다고 생각해도 복종하는 경우, 종교지도자들이 부당한 행위를 해도 그들을 감싸고 따르는 사람들. 가끔 신문 한 귀퉁이에서 혹은 짧은 뉴스 소식에서 들려오는 일들이 아니라 우리 내 이야기다.

인간의 권위에 대한 복종속성은 사회적 인간인 이상 누구에게나 나타나는 공통적인 현상이다. 현대사회 조직 또한 그것이 강하든 느슨하든 그 조직의 권위에 구속받을 수 밖에 없다. 조직으로부터 벗어나는 것은 인간 생존에 위협이 다가 올수 있기 때문이다. 그래서 인간은 조직에 귀속되고 그 조직을 움직이는 이들로부터 복종을 강요당하게 된다.

'파시즘의 대중심리'의 저자 빌헬름 라이히는 "대중들은 왜 개인적인 억압을 욕망하는가?"라는 문제적인 화두를 던져놓고, 인간은 동물적이고 기본적인 욕구가 충족될 때 스스로를 책임지고 불의에 저항하는 등 이상적인 성격구조를 갖게 된다고 말한다. 하지만 현대사회에서는 그런 기본적인 욕구들이 대부분

제도적으로 억압되므로, 억압된 욕망은 계기에 따라 극단적이고 공격적이고 자극적인 형태로 표출된다고 말한다. 라이히의 주장에 따르면 독일의 파시즘은 사람들이 스스로 나치의 행위를 욕망했고, 히틀러에게 기꺼이 복종하길 원했다는 것이다.

강요나 지시에 의해서 이루어지는 일들은 사회조직 어디에서나 나타날 수 있다. 하지만 민주적 사회에서는 상호간에 강요보다는 조직을 유지하기 위해서 만들어진 법이나 규칙을 스스로 지키도록 노력해야 한다. 이는 그 사회의 민주주의 수준과 사람들의 인성에 따라 달라질 것이라고 본다.

사람들은 어째서 부당한 권위에 '기꺼이' 복종할까?

나치에게 철저히 유린당했던 유럽에서 불과 몇 십 년만에 어떻게 극우정당들이 다시 힘을 얻을 수 있었을까?

어째서 저소득층등이 오히려 보수정당을 지지할까?

먼 나라 이야기가 아닌 바로 우리들의 이야기다.

타자의 욕망을 욕망하다

최근에 본 영화가 있다. 베스트셀러를 영화로 만든 'Imitation of life' 즉 '모방하는 삶'이라는 영화다. 더글라스 셔크 감독에 의해 1959년에 만들어진 영화는 어머니라는 위치를 다시 한번 조명하는 순애보적인 멜로 드라마로 많은 사람들에게 사랑받은 영화다.

영화는 남편을 잃고 배우를 꿈꾸며 딸과 함께 뉴욕으로 건너온 '로라'라는 인물로 시작한다. 로라는 해수욕장에서 우연히 '애니'라는 흑인 여자를 만나게 된다. 애니 역시도 어린 딸과 함께 힘겨운 하루하루를 살아가는 터였기에 두 여자는 금세 친구가 된다. 애니는 로라의 성공을 위해서라면 온갖 궂은일도 마다하지 않는다. 그리하여 결국 로라는 당대의 톱스타로 등극한다.

하지만 그 누구도 애니의 숨은 노고를 알아주지 않는다. 늙은 애니에게 남은 건 지치고 병든 몸과 목숨처럼 사랑하는 딸로부터의 온갖 구박과 수모였다.

영화는 전반부에서 로라의 구구절절한 성공담을 보여주지만 후반부로 넘어가서는 애니의 삶에 포커스를 맞춘다. 하지만 결국 두 여자의 인생을 통해 감독이 묘사해내는 것은 세상 모든 어머니의 삶은 자신을 위한 삶은 존재하지 않으며 모방에서 시작해서 텅 빈 모방으로 끝난다는 우울한 희생과 사랑의 메시지다.

백인이 되려고 백인처럼 '모방'하면서 그토록 발버둥치는 딸 앞에서 늘 거추장스런 짐만 되고 마는 흑인 여자의 일생과, 원하는 부와 명예를 다 가졌지만 결국은 하나 뿐인 딸이 누구를 사랑하며 저토록 가슴앓이를 하는지조차 깨닫지 못한 채 성공한 사람만을 '모방'하며 그것을 위해 달려온 백인 여자의 일생은 모방의 삶이 결국 비극이라는 것을 잘 보여준다.

결국 애니는 죽고 가면의 삶을 살아온 사라는, 엄마의 영구행렬에서 오열하며 영화는 끝이 난다. 영화 속 사라의 눈물을 보며 느낀 것이 참 많았다. 지금 나의 삶도 누군가를 흉내 내는 것이 아닌가. 결국 누군가를 모방하는 삶이 아닌가. 내가 원하는 공부가 아니라 입시라는 시험대에서 다른 사람을 따라가고, 나의 꿈이라는 것도 사실은 진정 내가 원하는 게 아니라 성공한 사람들을 흉내 내는 것이 아닌가라는 생각이 들었다.

많은 사람들이 나와 같을 것이다. 가면의 삶을 살면서 내가 아닌 타인의 삶을 사는지 모르겠다. 오늘날 나의 삶에서 로라의 모습이 겹쳐지고 사라의 그림자가 보이지 않는지 우리는 한 번쯤 생각해 봐야할 것이다. 프랑스의 현대 철학자이자 정신 분석학자인 자크라캉은 이런 말을 했다. 인간은 타인의 욕망을 욕망한다.

투표합시다!

요즘 길거리를 돌아다니다 보면 "기호 *번"을 외치며 선거유세를 하는 사람들을 보기 쉽다. 거리마다 포스터가 붙어있고, 큰 건물에는 후보자의 얼굴이 반듯하게 찍힌 현수막이 걸려있다. 나도 올 해부턴 선거를 할 수 있는 나이가 돼서인지 예전처럼 슥 보고 지나칠 수가 없게 됐다. 시선이 갈때마다 후보자의 얼굴을 유심히 보게 되는데 재미있는 건 진화된 유권자들의 의식에 부응하듯 변화하는 선거유세의 모습이다. 현수막에 걸린 후보자의 모습은 우리가 고정관념을 가지고 생각하던 반듯한 머리, 정갈한 양복, 하얀 이를 드러낸 미소가 아닌 우리 옆집 아저씨, 우리 동네 아주머니같이 편한 복장에 친근한 모습을 형성한 이미지들 이다.

거리에 즐비한 현수막, 어깨띠를 두른 사람들 사이로 시끄러운 확성기 소리, 거리 곳곳에서 울려 퍼지는 로고송 등 '선거유세'하면 떠오르는 익숙한 단어들과 달리 인터넷 방송과 SNS등 젊은이들과 소통하고자 하는 선거유세도 생겨났다.

우리나라는 1대 이승만 대통령에서부터 16대 노무현 대통령까지 16번의 선거를 통해, 9명의 대통령을 선출했고, 2007년 12월 19일 제 17대 대통령 선거를 통해 이명박 후보가 당선되었다. 그렇다면 투표율은 어떻게 될까? 제 1대 대통령선거는 직접 선거였고, 투표율은 약 95%였다고 한다. 50년이 지난 지금, 제 17대 대통령선거는 약 60%로 우리나라의 투표율은 점차 하락하고 있고, 그 중 젊은 층의 투표율은 더욱 낮다고 한다.

서유럽 국가들과 비교하면 우리는 선거권 획득을 위한 투쟁과정 없이 보통선거제도가 바로 도입된 경우이다. 그래서일까? 우리나라의 투표율은 전 세계 OECD 국가 중 꼴찌를 기록하고 있다. 학력별, 연령별로 분석한 정치 참여에서도 선진국과는 다른 양상이 나타나곤 한다. OECD 회원국들은 대졸 이상 고학력자(87.6%)의 투표율이 저학력자(80.0%)보다 높았으나, 한국은 오히려 저학력자(68.2%)의 투표율이 고학력자(60.1%)보다 높았다. 또한 연령별 투표율에도 우리나라는 55세 이상(75.1%)과 35세 미만(52.3%)의 차이가 22.8%포인트에 달해 OECD 평균(12.1%)과 큰 차이가 났다.

정치풍자는 유머코드 중에서도 가장 인기 있는 장르이다. 얼마 전 한 개그맨은 국회의원을 풍자했다가 고소를 당하면서 온 국민의 지지와 사랑을 받은 적이 있다. 정치인이 되면 장수를 한다는 우스갯소리가 나올 정도로 우리나라에서 가장 욕을 많이 먹는 직업 중 하나일 것이다.

하지만 정치인에게는 쉽게 쓴 소리를 하면서 자신의 권리는 안 내세우는 사람들이 있다. 바로 투표를 하지 않는 사람들이다. 흔히들 투표는 민주주의의 꽃이라고 한다. 그도 그럴것이 선거참여를 통해 자신의 이익과 의견을 대변해줄 대표자를 뽑음으로써, 간접적으로 민주주의를 발현하게 되기 때문이다. 또한 선거는 지난 정부의 사업과 정책들을 재평가하는 기회가 되기도 한다.

즉, 오늘날과 같이 직접 민주주의가 실현 불가능한 현실에서 선거란 민주주의의 시작이자 그 끝이라 할 수 있다. 그만큼 선거가 민주주의에 있어서 갖는 중요성과 의미는 크다. 투표는 정치에 대한 자신의 생각을 표현하는 첫 번째 수단이다.

대한민국의 모든 국민들이 입으로만 하는 정치가 아닌 소중한 한 표를 찍을 수 있는 발걸음과 손을 사용했으면 좋겠다. 오늘 오후에 배달 된 선거용 팜플렛을 들고 20살이 되어 처음 해보는 고민을 하면서 많은 생각을 하게 됐다.

6장
반짝이며

일감호(一鑑湖) 이야기 ①

작년 2월, 나는 대학생이 되었다. 고등학생 때는 대학생이라고 하면 왠지 모르게 존경의 눈으로 바라보게 되고, 이것저것 질문도 참 많이 했다. 그 중에도 "대학생이 되면 어떤 게 가장 좋아요?"라는 질문을 많이 했는데, 당시에 가장 많이 나오는 답변이 "자유"였다. 실제로 대학생이 되니까 그때 선배들이 했던 대답을 마음껏 느낄 수 있었다. 자유. 대학생활을 한 마디로 정리하자면 '자유의, 자유의 의한, 자유를 위한' 이라고 할 수 있다. 고등학생 때처럼 공부하라는 잔소리도 더 이상 듣지 않게 되었고, 지각을 해도 결석을 해도 누구하나 모진 소리하는 사람이 없었다. 물론 그에 대한 책임 또한 자신이 져야 한다는 게 중요한 사실이지만 말이다.

우리 학교에는 학교의 중심부를 차지하는 자그마한 호수가 하나있다. 이름은 일감호(一鑑湖)인데 인공호수다. 물론 작다고 하기에는 너무 큰 존재지만, 대학생활 2년차에 접어드니 입학했을 때 거대하게 느껴졌던 호수가 지금은 많이 작아 보인다. 큰 호수를 끼고 학교 건물이 있어서 철학 수업 후 연속으로 교양 수업이 있는 날은 문과대와 산학관을 뛰면서 큰 몸짓을 자랑하는 호수를 남몰래 욕하기도 했다.

그렇게 뛰다가 선배라도 만날 땐, 산발된 머리와 빨개진 얼굴, 거친 숨을 몰아쉬면서 큰 목소리로 인사까지 했다. 지금은 연속으로 강의가 있는 날엔 수업이 끝나기 전, 조금 일찍 일어나는 법을 배웠고, 안 뛰고 캠퍼스를 다니는 법을 터득했다. 한 학번 후배를 받고 나니 인사에도 여유가 생긴 건 당연하다. 그렇게 학교생활에 작은 팁을 깨달으니까 어느새 넓디넓었던 호수가 조금 작아 보이는 건 당연하다.

하지만 아무것도 모르던 새내기 시절에도 대학생활을 어느 정도 알만큼 안다고 자부하는 2학년이 돼서도 여전한건 일감호의 아름다움이다. 1학년 후배들이 막 들어왔을 때, 여느 선배들처럼 후배들에게 밥을 많이 사줬다. 물론 그래도 1년 선배라고 시답잖은 조언도 해가면서 말이다.

그 중에서 가장 많이 했던 말은 '일감호의 아름다움'이었다. 학교에 입학하고 이 학교에 오길 잘했다고 가장 크게 느낀 순간은, 점심때마다 스피커를 통해서 나오는 노랫소리를 들으며 학교 호수를 걸을 때였다. 반짝이는 호수를 보면 '고등학교 때 그토록 바라던 대학 생활의 낭만을 누리고 있구나.'라는 생각이 절로 났고, 호수에 날아다니는 온갖 새들을 보면서 그 부푼 마음이 더 커졌던 것 같다.

일감호를 둘러싸고 조성돼있는 벤치에는 나들이 나온 아이들, 노부부, 그리고 젊은 캠퍼스 커플까지 항상 많은 사람들이 앉아있다. 모 강의 종강 시간에 교수님께서 하신 말이 생각난다. 고백을 할 때 가장 좋은 장소가 어딘지 아냐는 질문에 '놀이동산', '남산', '야외공원'등 여러 답이 나왔는데, 답은 '물가'였다. 물이 옆에 있으면 사람들은 자신도 모르게 마음이 들뜨게 되고, 긍정적이게 된다고 한다.

그래서 물가 옆에서 고백을 하면 이뤄질 확률이 높아진다고 하면서 참고하라고 했던 게 기억에 난다. 물론 우리 학교에 캠퍼스 커플이 그래서 많은 거라고 해 모두 웃으며 마무리 했던 것도. 교수님 말씀이 영 틀린 말도 아닌 게 일감호를 주변으로 산책하거나 앉아있는 사람들의 얼굴엔 미소가 걸렸다. 아이, 어른 할 것 없이 앉아서 쉬고 있거나, 얘기를 주고받는 모습엔 '행복'이 보인다. 이것이 일감호를 더 아름답게 만드는 이유인 것 같다.

일감호와 함께 나의 학교생활도 어느덧 반을 향해 가고 있다. 고등학교 때는 그렇게 꿈꾸고 바라던 대학생활이지만 이제는 익숙해져 무뎌질 때가 있다. 그렇게 커보이던 일감호가 지금은 작아 보이는 것처럼 말이다.

하지만 여전히 일감호가 아름다운 것은 그 안에 담긴 것들 때문이다. 물론 처음과 같은 마음일 순 없을 것이다. 하지만 처음 학교에 입학해 설레는 마음으로 가졌던 꿈과 생각들을 대학생활 내내 품었으면 좋겠다. 일감호가 여전히 아름다운 것처럼 말이다.

일감호(一鑑湖) 이야기 ②

우리 학교가 있는 동네를 옛날에는 '모진동'이라고 불렀다. 그 이유는 일감호에 얽힌 사연 때문인데, 호수에 얽힌 이야기를 잠시 들려줄까 한다. 지금이야 학교 주변에 백화점과 마트, 큰 상권이 들어섰지만 조선시대 이곳은 살곶이벌이었다고 한다. 살곶이목장은 말의 사육 및 궁중의 목장, 왕의 가마를 관장하던 사복사(司僕寺) 소속의 양마장(養馬場)을 말한다. 이곳에는 방목된 말들이 많았는데, 방목된 말들이 실수로 수렁(현재의 일감호)에 빠져서 소리를 내면 근처에 사는 여인들이 밭에서 일을 하던 중 뛰어 나왔다고 한다.

그러고는 수렁 위에 널빤지를 띄워 놓고 들어가 말을 건져내어 그 고기를 나누어 먹었다고 한다. 인근 주민들은 이 동네의 여인들을 보고 '모진 여인'이라 부르고, 모진 여인들이 사는 마을이라 하여 '모진 동네'로 불렀다는 게 모진동의 유래다.

지금은 2만평을 자랑하는 크기의 아름다운 호수이지만 그 호수의 담긴 이야기는 그리 아름답지 않다. 모진동의 전설처럼 일감호 속이 항상 아름다운 것만은 아니다. 정확히 말하자면 밝은 대낮에 정신이 말짱한 사람에게 일감호는 아름다운 호수지만 그렇지 않은 사람에게는 그 옛날 말과 소처럼 위험천만한(?) 곳이기 때문이다.

입학하고 얼마 안돼서 였는데 한 선배가 일감호에 대한 애기를 장난스럽게 꺼냈다. "일감호 물이 메말라서 바닥이 보이면 아마 시체 몇 구는 나올걸." 그 애기를 들으며 얼마나 놀랐는지. 그도 그럴것이 사실 밧줄하나로 연결해 놓았을 뿐 아무런 안전장치가 없는 호수를 보면서, '술 취한 사람에게는 위험하겠다.'라는 생각을 종종 했기 때문이다.

아무것도 모르는 새내기를 놀리기 위해서 지어낸 말 같지는 않았기에 더 애기해 달라고 조르면서 들었는데 실로 놀라웠다. 일감호에는 평균 2년에 한 명씩 사람이 빠져 죽었고, 내가 입학하기 직접에도 그러한 일이 있었다고 한다. 한 번은 간호사가 빠진 적이 있었다고 한다.

우리 학교 바로 옆에는 대학병원이 있기 때문에 2호선을 타고 오는 대다수의 학생들은 대학 병원을 통해서 등교를 한다. 그렇기 때문에 하루에도 몇 번씩 의사와 간호사를 보기도 한다. 몇 년 전에는 이런 학생들 때문에 병원 측에서 "00대학교 학생들은 병원을 통해서 등교하지 마세요."라는 경고문이 붙은 적이 있었지만 학생들의 반발로 경고문을 뗀 작은 소동도 있었다.

바로 옆에 대학 병원이 있지만, 한 번도 의사나 간호사들이 학교 캠퍼스는 거니는 모습은 본 적이 없었기 때문에 그 말을 듣고 의아했다. 사연인즉 몇 년 전, 일감호에서 자살을 한 간호사가 있었는데 그동안 그런 적이 한 번도 없어서 학생들 사이에도 간호사가 임신을 했다더라, 불륜관계였던 의사가 있었다더라 등의 소문이 돌았다고 한다.

그리고 종종 그 간호사의 환영을 일감호 근처에서 본다는 얘기도 있었다. 또 한 번은 아침 8시, 학생들이 등교를 한참 하고 있었다고 한다. 그때 어떤 여학생이 비명을 질렀고, 가르킨 곳에는 시체 한구가 떠 있었다고 한다. 일감호에는 술 먹고 실수로 빠져 죽는 사람들이 많아, 아침에 등교하는 학생들이 발견할 때가 종종 있다고 한다.

일감호에 담긴 이야기를 듣고 나니 아름답게만 보였던 일감호가 조금 무서워 보이기까지 했다. 밤에 호수를 바라보면, 낮에 본 것과는 다르게 짙은 암흑을 품고 있다. 계속 쳐다보면 나도 모르게 빨려 들어갈 것 같은 기분에 휩싸이기도 한다.

아이러니하게도 그동안 일감호에 빠진 사람을 보면 우리 학교 학생은 극히 일부라고 한다. 외부에서 놀러온 사람들이 실족사를 하는 경우가 많다고 한다. 만약 당신이 일감호로 놀러오게 된다면 조심하기 바란다. 일감호의 아름다움 속엔 무서운 이야기를 품고 있으니 말이다. 오늘 밤, 어디선가 모진동의 여인들이 달려오는 소리가 들리는 것 같다.

일감호(一鑑湖) 이야기 ③

캠퍼스에도 사랑과 전쟁이 존재한다. 벚꽃이 만발하는 계절에 많은 캠퍼스 커플이(일명 C.C)생겨난다. 그러다 벚꽃이 지고, 푸르른 여름을 지나, 나무들이 울긋불긋해지면 이별을 고하는 게 한 철 캠퍼스 커플이라고 한다. 호수를 둘러싼 나무들이 한 바탕 옷을 다 갈아입기도 전에 끝나는 캠퍼스 커플이 교정엔 너무나 많다. 캠퍼스 커플의 장점은 손가락에 다 꼽을 수 없을 만큼 많다. 매일 얼굴을 볼 수 있고, 학식을 먹으면서 데이트 비용을 줄일 수 있고, 많은 것들을 공유할 수 있기 때문이다. 하지만 이 장점이 조금만 지나면 이내 단점으로 바뀌게 된다. 매일 붙어 다니다 보니 교우 관계가 좁아지고, 자주 싸우게 되고, 별것도 아닌 일들은 나쁜 소문이 퍼지기도 한다.

대학교에 처음 입학했을 때, 나보다 먼저 대학을 간 언니들의 조언은 단 하나 "복학생 오빠 만나지마."였다. 당시엔 그 얘기를 들으며 콧방귀를 꼈지만, 복학생 오빠가 가지고 있는 어른스러움과 다정함의 매력은 생각보다 강했다. 시작도 못한 사랑은 어느새 떨어져 밟히고 눌린 벚꽃처럼 우스워졌으니까 말이다. 그날 캠퍼스 커플을 절대 하지 않으리라 다짐했지만 사람 마음이라는 게 생각대로 되는 것이 아니었다. 얼마 안 있어 나는 선비같은 남자와 캠퍼스 커플이 되었다.

다행히 우리는 사계절의 옷을 한 번씩 입어보고 또 두 계절을 보내고 나서도 헤어지지 않았지만 캠퍼스 커플이라는 게 다른 커플보다 어려운 것도 조심해야 할 것도 많은 게 사실이다. 특히 같은 과 커플이기에 더욱 더 그랬다.

싸웠던 일을 친한 친구 한 명에게 말했는데, 그 얘기가 교수님 귀에까지 들린 적도 있었는데, 이후엔 학교 친구들과 조금 더 거리를 두게 되었다. 비단 우리뿐만 아니라 대다수의 캠퍼스 커플들이 갖고 있는 문제다.

며칠 전에 기사화 되서 접했던 사건이 있다. 부산의 모 대학교에서 실제로 있었던 일이었는데 같은 과 캠퍼스 커플인 두 사람이 있었다. 둘은 새내기로 입학하면서부터 서로에게 첫 눈에 반했고 뜨겁게 사랑을 했다. 한시도 떨어져 있지 않았고, 모든 것을 공유하던 연인이었다. 그렇게 1년이라는 시간이 흐르고 남자는 군대를 가게 됐다. 뜨겁게 사랑한 만큼 남자친구의 빈자리는 너무나 크게 느껴졌고, 여자는 사람으로 생긴 빈자리를 사람으로 채우게 된다.

미안한 마음에 여자는 남자에게 이별 소식을 알리지 못하고, 아무것도 모르는 남자는 제대를 하게 된다. 그리고 학교에 돌아오고 나서야 여자의 변심을 알게 된다. 그동안 휴가 때마다 아프다는 핑계, 집에 일이 있다는 핑계로 만나지 않았던 것과 아무리 해도 받지 않은 전화의 이유를 알게 된 것이다. 배신감을 느낀 남자는 학생들이 가장 많이 지나다니는 학생회관에 대자보를 붙이게 된다.

"00대학교 00학과 000은 이런 여자이며, 나와 어떤 관계이고, 이런 일들까지 했다." 남자는 배신감에 해서는 안 될 둘만의 이야기까지 써내려가며 글을 썼다. 실명으로 공개된 여자의 이야기는 몇 시간도 안돼서 학교에 퍼져나갔고, 여자 또한 대자보를 보게 된다. 여자는 수치심에 휴학을 했고, 남자는 학교에 물의를 일으켰다는 죄목으로 제적을 당하게 된다. 이 사건은 곧 지역 신문에 실리게 됐고, 큰 이슈가 되어 일간지에 실리게 된 것이다. 기사를 읽으면서 캠퍼스 커플의 안 좋은 결말을 보는 것 같아 마음이 좋지 않았다. 이 사건이야 말로 캠퍼스 커플의 사랑과 전쟁을 적나라하게 보여준 사건이 아닌가 싶다.

하지만 캠퍼스 커플의 결말이 꼭 나쁜 것만은 아니다. 모 교양 수업에서 교수님이 해줬던 캠퍼스 커플 이야기는 너무나 아름다웠다. 교수님 본인의 이야기였는데, 교수님은 우리 학교 국문과 출신이었다. 대학교 입학을 한 후, 지는 게 죽기보다 싫어 과 수석을 도맡아 했다고 한다. 같은 과 동기 중에 공부를 열심히 하지 않는 남자가 있었는데 매일같이 자신은 글을 쓰는 작가가 될 것이라고 말하며 성적은 신경 쓰지 않았다고 한다.

그러다 그 친구와 친해져 같이 공부도 하고, 수업도 듣게 되었다고 한다. 누구라고 할 것 없이 자연스레 둘은 사귀게 되었고 대학생활 내내 함께였다고 한다. 시험기간에는 일찍부터 자리를 잡아서 공부를 하는 교수님 때문에 남자는 새벽 6시부터 도서관 앞에서 줄을 섰고 막차가 끊기기 전까지 공부를 했다고 한다. 집 가는 길에 포장마차에서 종종 소주를 마셨고, 겨울에 입는 빨간 코트를 보며 잘 어울린다고 곧잘 얘기했다고 한다. 둘은 졸업할 때까지 함께였고, 캠퍼스 곳곳엔 둘만의 추억이 가득했다.

하지만 졸업을 하고 각자의 진로를 가면서 둘은 헤어지게 됐다. 너무나 사랑했기 때문에 힘들었고, 헤어졌다는 소식을 알지 못하는 대학 동창들이 안부를 물을 때마다 그리움과 아픔이 함께 찾아 왔다고 한다. 시간이 흘러 상처가 치유되고 아픔이 무덤덤해졌을 때, 남자의 소설이 출간됐다는 소식을 듣게 된다.

소설엔 두 남녀가 나오고 여자주인공은 빨간 코트가 잘 어울리는 여자였다. 남자주인공은 그런 여자를 사랑해서 매일 같이 도서관 줄을 서주던 인물이었다. 소설 속 주인공들은 종종 포장마차에서 소주를 마셨고, 서로 좋아하는 책을 바꿔가며 읽었다.

책 속에는 자신이 대학생활 내내 남자와 보냈던 추억들이 고스란히 담겨있었다. 교수님은 남자와 이별 후, 자신의 대학생활 또한 한 줌의 재처럼 사라진 것 같았다고 한다. 함께 나눴던 추억들 또한 부질없어 보였고, 모든 게 상처였고 아픔이었다. 하지만 소설을 읽으면서 그 시절이, 추억이 얼마나 아름다운지. 자신이 남자를, 남자가 자신을 얼마나 사랑했는지 느낄 수 있었다고 한다. 결국 남자가 대학 시절 꿨던 꿈은 그 소설을 통해서 이뤄지게 된다. 그 소설은 꽤 성공을 거뒀고 작가로서 기반 또한 잡혔으니까 말이다.

지금도 캠퍼스에는 수많은 사랑과 전쟁이 존재한다. 캠퍼스 커플의 결말은 비극적일 수도 있다. 하지만 분명한 건 가장 빛나던 시절의 사랑이 캠퍼스에 고스란히 남아 있다는 건 너무나 낭만적인 일 아닐까.

좋은 친구

누구에게나 그렇듯이 졸업식은 특별하다. 하지만 나에게 더 특별하게 기억되는 것은 매번 눈물의 졸업식을 치뤘기 때문이다. 초등학교 때는 뭘 몰라서 그랬고, 중학교 졸업식 때는 고등학교가 갈린 친구들과 영영 이별을 하는 것만 같았다. 고등학교를 졸업 할 때는 보고 싶으면 언제든지 만날 수 있고, 연락할 방법도 다양하다는 것을 알지만 괜스레 눈물이 났다. 특히 졸업식 노래가 나오면 그 눈물은 참을 수 없었다. 그렇게 매번 졸업식 때마다 눈물을 지었다.

눈물의 졸업식을 할 만큼 헤어지기 아쉬웠던 친구들이었지만, 대학교를 입학하고 나니 어쩐지 얼굴보기가 힘들어졌다. 바쁘다는 핑계로 약속이 취소되기도 하지만 약속 잡는 것 자체가 어렵기도 했다. 2학년이 되니까 전문대를 다니는 친구들은 취업을 하거나 취업 준비를 하기 시작했고, 4년제를 다니는 친구들도 각자 수업이다, 동아리다, 외부 활동이다 바쁜 게 현실이었다.

또 결혼을 해 아기를 낳은 친구도 있어서 만나는 게 더욱 더 어려워졌다. 그러다 보니 서로 섭섭함이 쌓이기 시작했다. 초·중·고등학교 때는 각자 꿈은 달라도 같은 교실에 앉아 수업하고, 배우면서 공감대가 끊임없이 쌓이지만 대학교에 진학하니 과도, 진로도, 하고 있는 일도 모두 제각기 달랐다.

서로 공유하는 게 줄다보니 만나서도 할 말이 없어지고 생각하는 것도 많이 달라졌다. 한 번은 다 같이 만난 자리에서 친구 A와 대화를 하다 의견이 충돌됐다. 별거 아니었지만 서로의 주장을 조금도 받아들이지 않았고 곧 말싸움으로까지 번졌다. 그 싸움은 앙금처럼 남아 쉽사리 풀어지지 않았고, 다 같이 만나는 자리가 어색해졌다. 또 하루는 너무 힘든 일이 있어서 제일 친하다고 생각하는 친구에게 전화를 걸었는데, 전화할 상황이 안 되니까 나중에 통화하자는 친구의 말에 섭섭함뿐만 아니라 배신감마저 들었다.

믿었던 친구들에게 느낀 섭섭함과 오해는 꽤 컸고, 이후 오랫동안 친구들을 만나지 않고 지냈다. 그러다 몇 달 전, 내 생일날이었다. 그동안 연락하지 않았던 친구들에게 축하 메시지가 오기 시작했다. 제일 친했던 친구에게는 전화도 오고, 편지를 보낸 친구도 있었다. 사람 마음이라는 게 간악해서 축하 메시지 한 통에 그동안 얼었던 마음이 눈 녹듯 풀렸다. 왜 오랫동안 혼자 오해하고 미워하는 마음을 키워갔는지 모르겠다는 생각도 들었다.

사실 그 동안 쌓인 앙금은 그리 크지 않았다. 후 불면 저 멀리 날아갈 만큼 가벼웠지만 혼자 키우며 가슴에 담고 있었던 것들이었다. 그날 메시지를 주고받으면서 다시 약속을 잡았다. 오랜만에 친구들을 만난다는 생각에 가슴도 설레었다.

철학 수업 때 교수님께서 해준 말이 생각났다. "세상에 알고 보면 나쁜 사람 하나 없다. 근데 더 자세히 보면 좋은 사람 또한 없다." 그 얘기를 들으면서 가장 먼저 든 생각은 '나는 과연 좋은 사람인가'였다. 나는 과연 주위 사람들에게, 친구들에게 좋은 사람일까. 혼자만의 오해와 섭섭함을 쌓아가면서, 친구들은 내게 '나쁜 사람'이었다.

그렇다면 과연 나는 '좋은 사람'이었을까? 주위의 사람들도 혹시나 나에게 서운한 마음과 상처가 생겼을지 모른다는 생각이 들었다. 별거 아닌 오해로 벽을 만들기엔 너무나 아까운 인연들이었다. 또 다시 내가 그날과 같이 마음의 벽을 만들려고 하면 이번엔 스스로에게 질문을 던져야겠다. "과연 나는 그에게 좋은 친구인가?"

야수는 과연 미녀를 사랑했을까?

몇 달 전, 전 세계적으로 돌풍을 일으켰던 영화 '겨울왕국'은 미국의 만화영화제작사인 '디즈니'의 작품이다. 디즈니사가 창립된 이후, 디즈니의 만화를 안 보고 자란 사람이 과연 몇이나 될까. 여자에게는 사랑에 대한 환상을, 남자에게는 모험에 대한 꿈을 실어주는 게 디즈니의 만화다. 특히 여자에게 디즈니의 만화란 어렸을 때 맞는 예방접종처럼 꼭 한 번쯤 거쳐야 하는 코스임이 분명하다.

그래서 초등학교를 들어가기 전부터 여자들은 백마탄 왕자가 내게 찾아오리라는 꿈을 꾸기도 한다. 그리고 22살의 나는 그 꿈이 헛된 망상이라는 것쯤은 깨우쳤다. 물론 몇 년 전까지만 해도 백마탄 왕자까지는 아니었어도 조랑말을 탄 왕자가 나를 태우러 올 것 이라고 믿은 것 같지만.

디즈니가 자랑하고 전 세계가 사랑하는 많은 공주님 중 공주의 신분도 그렇다고 귀족의 딸도 아닌 만화는 '미녀와 야수'가 유일하다. 미녀와 야수의 여자 주인공인 '벨'은 작은 마을에 소문난 미녀라는 설정이다. 그래서인지 작은 소녀들에겐 자신의 처지(?)와 가장 비슷한 공주라는 생각을 하게 만든다.

뿐만 아니라 다른 공주와는 다르게 독립적인 여자로, 왕자를 기다리지 않고 자신이 직접 찾아갔으니 조금 남다르다고 할 수 있다. 미녀와 야수의 줄거리를 물어보면, 일반적으로 많은 이들이 '못생긴 야수의 지고지순한 사랑에 미녀 또한 진정한 사랑을 느껴 야수의 저주가 풀어지고 둘이 행복하게 잘살았다'고 대답할 것이다. 하지만, 이제는 고전설화 같이 우리 머릿속에 자리잡힌 이야기에 의문을 갖게 된다. "야수는 과연 미녀를 사랑했을까?"

대학생이 돼서 알게 된 친구 중에 미녀와 야수에 나오는 미녀처럼 예쁘고 혼자서 뭐든지 척척 해내는 친구가 있다. 친구는 대학생이 되면 만화영화에 나오는 백마 탄 왕자가 자신을 찾아올 것이라고 믿었던 소녀 중에 한 명이었고, 그런 자신 앞에 드디어 백마 탄 왕자같이 이상형에 꼭 부합되는 남자가 나타났다. 키도 훤칠하고 눈은 속 쌍커풀에 웃는 모습이 너무 멋있었던 남자라고 했다.

둘은 친구의 노력이 결실을 맺어 사귀게 되었고, 누가보다 잘 어울리는 한 쌍이 됐다. 하지만 얼마 못가 둘의 이별 소식이 들여왔다. 자신이 항상 꿈꾸던 이상형의 남자였지만 사랑하는 마음이 생기지 않았고, 조금이라도 단점이 보이면 그 모습이 그렇게 싫었다고 한다. 처음부터 좋아하는 마음보다는 너무나 멋지고 꿈꿨던 이상형이어서 사귀다 보면 좋아하는 마음이 생길 줄 알았는데 그게 생각처럼 쉽지 않았다고 한다.

친구는 그렇게 첫 남자친구와 이별 후, 휑한 마음을 채우기 위해 동아리 활동도, 아르바이트도 더 열심히 하며 생활했다. 시간이 지나 꽤 오랜만에 만난 친구는 자신이 이번엔 정말 사랑에 빠졌다며 고민을 털어놓기 시작했다.

방학 내내 카페에서 일을 했는데 같이 일을 하던 남자 동료는 자신보다 나이도 많고 수더분하게 생긴 남자라고 했다. 친오빠 같이 잘 챙겨주고 재밌어서 친하게 지냈는데 전혀 이상형에 맞지도 않았고, 여자 친구도 있어서 자신이 그런 마음을 키워가고 있는지 꿈에도 생각 못했다고 한다.

방학이 끝나고 알바를 그만두며 작별인사를 하던 날, 다시는 그 사람을 볼 수 없을지도 모른다는 생각에 그 자리에서 펑펑 울었고, 그 날 자신의 마음을 비로소 눈치챌 수 있었다고 한다.

하지만 이상한 건 그 남자는 큰 키도, 예쁜 눈도, 멋있는 미소도 없었고, 자신이 좋아할만한 어떠한 것도 갖고 있지 않았다고 한다. 남자에겐 오랫동안 사귄 여자 친구가 있어서 친구는 끝끝내 자신의 마음을 고백하지 못했고 그렇게 사랑은 끝이 났다. 친구는 첫 연애를 끝냈을 때보다 더 힘들어했다. 자신이 진짜 사랑을 하게 된 것 같다며 그 남자의 외모도, 몸매도, 그 어떤 것도 아니라 그 사람 자체를 사랑하게 된 것이라고 말했다.

친구의 얘기를 들으면서 알랭드 보통의 책 '왜 나는 너를 사랑하는가' 가 떠 올랐다. 알랭드 보통은 책에서 진정한 사랑을 느낄 땐 상대방의 그 어떤 것도 아닌 그냥 그 사람 자체를 사랑하는 것이라고 말한다.

친구의 사랑을 옆에서 지켜보며 많은 생각을 하게 됐다. 내가 원하는 조건과 환경이 갖춰졌을 때 느끼는 호감과 사랑의 감정, 그리고 그렇지 않았을 때 느끼는 사랑의 감정 중 과연 어떤 게 더 힘들고 어려운 것일까?

미녀와 야수를 보면, 미녀는 누구에게나 사랑을 받고 행복한 가정에서 자란 여자다. 반면, 야수는 저주로 인해 혼자서 넓은 성을 지키고 살아가는 남자다. 그런 야수에게 예쁘고 아름답고 친절한 여자는 자신의 원하는 조건에 너무나 잘 맞는 여자가 아니었을까? 외롭고 힘든 혼자만의 삶에서 나타난 여자. 그것도 아름다운 외모를 가지고 있었으니 금상첨화였을지 모른다.

그에 반해 행복한 삶을 살던 미녀에게 넓은 성에 홀로 살던 괴팍한 야수는 자신이 바라는 이상형에 가깝지 않았을 것이다. 또한 외모도 야수의 모습을 하고 있었으니 더더욱 말이다. 그런 환경에서 야수를 사랑하게 된 미녀는 야수보다 더 힘들고 어려운 선택을 한 것이다.

미녀와 야수의 뒷이야기를 상상하며 이 아름다운 이야기를 한국 드라마 '사랑과 전쟁'으로 잠시만 가져온다고 생각해보자. 과연 그 사랑을 먼저 깨는 사람은 누구일까? 홀로 살던 성에 나타난 아름다운 미녀를 사랑하게 된 야수? 야수의 겉모습이 아닌 진정한 내면을 사랑한 미녀? 모르긴 몰라도 야수가 아닐까라는 재밌는 상상을 해본다.

연극이 끝나고

일주일에도 몇 번씩 장래희망이 바뀌던 때가 있었는데 삼일정도 연극배우를 꿈 꿨던 적이 있었다. 나이를 먹어가면서 그 꿈이 있었는지도 가물가물해지니까 다시 연극이 하고 싶어졌다. 대학교에 입학하면 연극 동아리에서 활동하리라 다짐했지만 막상 연극동아리에 들어오니 엄격한 규율과 과 선배들과는 비교할 수 없을 만큼 무서운 선배들이 기다리고 있었다.

부푼 마음을 갖고 들어간 연극 동아리를 일주일도 안돼서 나오게 됐다. 아쉬운 마음보다는 가벼움이 더 커 괜찮았다. 그러다 여름방학에 연극을 여러 편 보게 됐다. 코믹, 호러, 종교 등 다양한 장르의 연극을 보러 다녔고, 연극이 끝난 뒤 집에 갈 때면 연극배우를 꿈꾸던 초등학생으로 다시 돌아간 것 같았다.

여름방학이 끝나고 또 다른 연극 동아리를 기웃거리고 있을 때, 철학과 축제인 프로메테우스 제전에서 연극을 한다는 소식을 듣게 되었다. 소식을 듣자마자 바로 참여하게 됐고, 대본을 읽으면서 주인공을 해야겠다는 생각을 했다. 처음 해보는 연극이었지만 가슴이 뛰고 설레었다. 여자 주인공을 뽑는 오디션은 나름 치열했고, 결국 여자 주인공의 자리는 내가 차지하게 됐다. 연극은 조선시대를 배경으로 하는 시대극으로 내 역할은 '궁녀'였다.

주인공 자리는 생각보다 힘들었다. 한 달밖에 안 남은 촉박한 일정이여서 매일같이 연습을 했고, 막차가 끊기기 전까지 휘몰아치는 연습에 울기도 많이 울었다. 내가 맡은 역할이 넘어지고 깨지는 장면이 많아 무릎과 엉덩이 남아 날 곳이 없었고 집에 가는 길이면 내가 무엇하러 이런 고생을 하나 싶기도 했다.

거기다 연출을 맡은 선배가 유독 나를 미워해서 남들과 똑같이 해도 혼나는 건 나였고, 못하면 더 혼나고 그나마 잘해야 본전치기는 했다. 그럴때면 '다시는 연극을 할까보다'라고 속으로 중얼거리기 일 수였다. 그렇게 고생을 하고 프로메테우스 제전이 열리는 날, 막상 무대에 서니 생각보다 더 긴장되고 떨렸다. 대사를 까먹을 것 같았고, 불안과 걱정만 들었다. 하지만 연극이 시작되고 불이 켜지니 불안했던 마음도, 걱정되던 마음도 순식간에 사라졌다. 무대 위에서 소리치기도 하고, 웃기도 하고, 울기도 하면서 그동안 준비했던 걸 쏟아 부었다.

이윽고 연극이 끝난 뒤 많은 박수를 받았다. 아쉽고 섭섭한 마음 또한 들었다. 준비할 때 힘들었던 마음이 눈 녹듯 사라지고 조금만 더 열심히 연습했더라면, 조금 더 시간이 있었더라면 이라는 생각만 가득했다. 그리고 연출을 맡았던 선배를 보니 눈물이 왈칵 쏟아졌다. 연습 내내 너무나 미웠던 선배다. 엄마, 아빠, 친구들 할 것 없이 매일같이 뒷담화를 했던 사람인데 연극이 끝나니 아쉬움과 고마움만 남았다. 사실 가장 힘들고 어려웠을 것이다.

연극이 끝나고 나는 한동안 극중의 이름인 '자숙이'로 불렸다. 가끔씩 연극에서 보여준 연기를 다시 보여 달라는 앵콜 요청도 들어왔다. 그럴 때마다 주인공은 무대 위 연기를 밖에선 보여주지 않는다며 장난스레 거부하기도 했다. 이번 무대를 통해 어렸을 때 꿨던 꿈에 잠시나마 다가간 것 같다는 생각이 들었다. 힘들고 어려운 일이었지만 더 큰 뿌듯함과 자랑스러움이 남았다. 올해 또 프로메테우스 제전이 열린다. 아마 이번에도 연극에 참여 할 것이다. 주인공을 해봤으니 이번엔 감독을 해야겠다는 생각이 든다.

술이 들어간다

대한민국은 '술공화국'이라고 부를 만큼 술을 좋아하고, 자주 먹고, 많이 마신다. 실제로 음주량이 OECD국가 34개국 중 22위로 하위권이며, 한국주류산업협회가 우리나라 15세 이상 인구의 알코올 소비량을 측정한 결과 1인당 9.18ℓ의 술을 마시는 것으로 조사됐다. 캔디가 외로워도 슬퍼도 울지 않는다고 부르짖을 때, 대한민국은 외로울 때도 슬플 때도 술을 마시는 것이다. 보통의 학생이라면 술과의 첫 만남은 대학생 때 일 것이다. 그것도 대학교를 입학하기 전 새터(새내기 새로 배움터의 준말)에서 말이다. 나 또한 술과의 첫 만남은 새터에서 였다. 그 만남은 사실 그리 좋지 않았다. 지독하게 쓰고 맵고 어지러웠기 때문이다.

보통의 첫 만남이 그러하듯이 선후배간의 첫 만남이 이뤄지는 새터 또한 야리꾸리한 분위기를 풍긴다. 자꾸 편하게 대하라는 선배들의 말이 반어법처럼 들리는 것은 착각이 아니었을 것이다. 전혀 편하지 않은 자리에서 마주한 술과의 첫 만남은, 알딸딸함을 넘어서 세상이 빙글 빙글 돌다가 무슨 말인지 깨닫게 해줬다.

"술이 들어간다. 쭉쭉쭉쭉 언제까지 어깨춤을 추게 할 거야 내 어깨를 봐 탈골됐잖아."라는 노래가 들리면, 누군가 나를 뒤쫓는 것처럼 마음이 조급해지기 시작하고, 안마시면 안 될 것 같은 분위기가 조성된다. 그렇게 한 잔이 두 잔이 되고, 두 잔이 석잔 그리고 한 병이 됐을 때부터 기억이 안 난다. 아침에 눈을 떴을 때는 베개까지 베고 자는 내가 보였고, 주위에는 숙취로 끙끙되던 동기들이 있었다.

필름이 끊긴 사이에 나는 수 십 번 화장실을 들락거렸고, 선배 몇 명이 내 등을 두드려 주면서 숙취 해소제를 몇 병이나 들이킨 사실을 전해 들었다. 그렇게 꿈인 듯 꿈같은 꿈이였으면 하는 새터를 갔다 오고 집에 온 뒤 '과연 새내기 배움터인 새터에서 내가 배우고 온 것은 무엇일까?'라는 짧은 생각에 젖었다.

하지만 그건 시작에 불과했다. 지독한 술과의 인연을 이제 막 시작한 것이었다. 그렇게 새터를 갔다 온 뒤에도 개강총회, 학술답사, 그린호프(green hof)등 술을 먹는 자리는 너무나 많았다. 그때마다 저 노랫소리가 들리면 나도 모르게 술이 들어갔고 그렇게 술과 함께 시작한 대학 생활은 점점 술로 찌들어 가기 시작했다.

시험기간에도 술자리는 멈추지 않았다. 동기들과 시험공부를 하던 것이 어느새 술자리로 변했고, 밤새 공부를 하겠다는 다짐은 이미 날라간지 오래였다. 그러다 A가 평소보다 무리하게 술을 마시더니 이내 쓰러졌고, 신경쓰지 않고 놀던 중 다시 일어나더니 토할 것 같다며 신음소리르 내기 시작했다. 남자 동기 몇 명이 친구를 붙잡고, 화장실에 가더니 이내 다급한 발소리를 내며 돌아왔다. "큰일났어 A가 피를 토해." 자리에 있던 친구들은 모두 놀래서 어쩔줄을 몰랐다. 모두 대학교를 갓 입학한 학생들이여서 우왕좌왕하기 시작했다. 이미 늦은 시간이여서 학교에는 사람이 몇 없었고, 도움을 청할 때도 없었다.

그때 학교 바로 옆에 있는 대학 병원이 생각났다. "대학병원으로 가자 응급실이 열렸을 거야." 하지만 남자 동기중 제일 덩치가 큰 A를 옮기는 건 여간 힘든 일이 아니었다. 사람 5명이 붙잡아도 한 발짝 움직이는 게 힘들었다. 그때 학생회관에 있는 수레가 생각이 났고, 수레를 가져와 친구를 태우고 건대 병원까지 달리기 시작했다. A에게 무슨 일이 날 것만 같아서 다들 힘든지도 모르고 달렸다.

그렇게 병원에 도착하니까 응급실을 지키는 담당 의사가 있었고, 우리는 A가 피를 토하니 빨리 도와달라고 말했다. 이내 진찰을 하더니 의사가 한심하다는 목소리로 피가 아니니 안심하고 돌아가도 된다는 얘기를 했다. 사실 A의 빨간 피는 그날 안주로 먹은 양념통닭이었던 것이다. 처음 겪는 일에 모두 우왕좌왕 하느라 제대로 살피지 못했던 일이 이런 헤프닝을 낳은 것이다.

병원을 나오면서 어찌나 창피하던지 자꾸만 볼이 붉어지고 뒤통수가 따가웠다. 당직을 서던 의사와 간호사들 눈에는 우리가 얼마나 한심해 보였을까? 시험기간에 밤새 술을 마셨을 뿐만 아니라 양념통닭을 먹고 토한 친구들 데리고 와 피를 토하고 있으니 진찰해 달라고 했으니 말이다.

하지만 그날 우리는 A에게 무슨 일이 생긴 건 아닌가 진심으로 걱정이 들었다. 물론 문제가 없어서 다행이었지만 그 일이 있고나서 함께 있었던 친구들에게 묘한 변화가 생겼다. 다들 '금주'를 하게 된 것이다. 달밤에 체조 아닌 체조를 한 스스로가 창피해 보인 건 다들 마찬가지였나 보다. 물론 A의 금주는 그 자리에 있던 어떤 사람보다 길었던 것은 당연지사였다.

그날 밤 헤프닝 덕분인지 그 노랫소리가 이전처럼 귀에 들리지 않는다. 하지만 지금도 어느 젊은 남녀들은 외치고 있을 것이다. "술이 들어간다 쭉쭉쭉쭉 언제까지 어깨춤을 추게 할 거야 내 어깨를 봐 탈골됐잖아." 만약 당신의 친구가 양념통닭을 안주로 먹었다면 피를 토해도 놀라지 마라. 피가 아닐 수도 있으니.

작품 평설

사랑, 행복, 그리고 문학

– 윤다솜의 수필집 『사랑』의 세계 –

성 기 조
(시인 · 한국교원대 명예교수)

1. 들어가며

다솜이가 두 번째 수필집을 펴낸다. 몇 년 전, 고등학교 재학 때 수필집을 내면서 원고를 읽어 달라고 해서 읽은 바 있는데 그때도 괄목상대할만 한 사람으로 커나 갈 수 있으리란 예감이 들더니만 이번의 글을 보니 더욱 자신 있게 뒤밀이를 해 줘야겠다는 생각이 든다.

세계적 시인 P. 발레리는 시가 춤이라면 수필은 걸음을 걷는 것과 같다고 말했다. 적절한 말이다. 흥에 겨운 춤사위를 보면서 가슴의 충격을 어루만지기 보다는 천천히 걷는 걸음처럼 유연하게 세상을 보고 자연을 보면서 그 속에서 글감을 찾아 하나 하나 세심하게 써내는 게 우리들에게는 더 돋보이는 글이 된다.

때문에 수필은 자유분방한 마음의 표현이며 정상적이고 질서정연한 작문이 아니어도 상관하지 않는다. 구성이 비정상적이거나 표현의 미숙성도 크게 문제 삼지 않는 여유 있는 글이다.

아름다운 美文으로 수필을 썼던 피천득은 그의 '수필'이란 글에서 "수필은 청자 연적이다. 수필은 난이요, 학이요, 청초하고 몸맵시 날렵한 여인이다. 수필은 그 여인이 걸어가는 숲 속으로 난 평탄하고 고요한 길이다. 수필은 가로수 늘어진 페이브먼트가 될 수도 있다. 그러나 그 길은 깨끗하고 사람이 적게 다니는 주택가에 있다. 수필은 청춘의 글은 아니요, 서른여섯 중년 고개를 넘어선 사람의 글이며 정열이나 심오한 지성을 내포한 문학이 아니요, 그저 수필가가 쓴 단순한 글이다. 수필은 흥미는 주지만 읽는 사람을 흥분시키지는 아니한다. 수필은 마음의 산책이다. 그 속에는 인생의 향취와 여운이 숨어 있는 것이다. 수필의 빛깔을 황홀 찬란하거나 진하지 아니하며 검거나 희지도 않고 퇴락하여 추하지도 않고 언제나 溫雅優微(온아우미)하다."고 말한다.

수필의 특징에 대하여 이만큼 선명하게 밝혀낸 글은 없다. 다솜이의 수필을 읽으며 피천득의 글을 연상한 것은 다솜이의 글이 바로 피천득의 견해에 충실하기 때문이다. 그녀가 쓴 글을 살펴 보면 간결한 구성, 그리고 아름답게 표현하려는 노력이 글의 행간에 즐비하게 깔려 있다.

2. 문학과 삶

다솜이는 문학의 길로 들어선 재기발랄한 재원이다. 결국 문학에서 크게 이루어 낼 사람이기 때문에 글감의 다양함을 느끼게 된다. 이번에 상재되는 수필집『사랑』에 등장하는 작품 제목만 따져 보아도 인생의 삶을 진지하고 투명하게 천착하려는 노력으로 가득차고 있음을 보여 준다. 글은 결국 인생의 기록이다. 사람이 살아가는 온갖 체험을 글의 소재로 삼아 그것들을 남김없이 파헤치려는 노력이 가득하다.

"우리는 살아가면서 수많은 경험을 하지만 이 세상의 모든 경험을 다하고 살 수는 없다. 그래서 우리는 문학을 창조하거나 다른 만남으로서 다른 세계와 손을 잡게 된다. 문학과 소통한다는 것은 다른 세상에서 살고 있는 또 다른 나와 이야기를 하는 것일지도 모른다. 그럼에도 불구하고 우리도 여전히 문학과 멀어져서 쉽사리 손을 뻗지 못하고 있다. 어쩌면 우리가 문학을 단어 몇 개로 너무나 쉽게 정의해 버리는 참고서 같은 글들에 익숙해졌기 때문이 아닐까"라고 〈문학과 삶〉이란 제목의 글 첫머리에 밝히고 있다. 이 말은 결국 다솜이가 문학을 정의하는 이론이 된다.

문학과 소통하는 일은 다른 세상에서 살고 싶은 또 다른 나와 이야기를 하는 것이란 견해는 확실히 다솜이의 문학관이기도 하다. 때문에 문학은 삶의 기록이란 말이 맞다. 그러나 그 기록은 인생의 삶을 완전무결하게 모두를 기록할 수 없다. 가장 중요한 부분을 떼내서 삶의 보편적 가치가 있는 부분을 복사하거나 파헤쳐냄으로써 새로운 삶의 유형을 만들어내야 한다. 때문에 비근한 예로 사랑이란 주제만 하더라도 작가마다 방법이나 가치가 다를 수밖에 없다. 모름지기 모든 작가는 스스로 완성될 때까지 노력할 수밖에 없다.

"아무리 노력해도 안 되는 사람을 옆에서 붙들어 주고 업어 주는 그런 마음이 있는 한, 모든 사람의 노력이 헛되지 않고 하면 되는 사회가 곧 오리라는 믿음을 가지고 있기 때문이다. 아마 문학도 이런 것이 아닐까?" (문학적 삶의 일부분) 라고 다솜이는 말하면서 스스로 '하면 된다'고 믿는 자세를 견지하고 있다. 야무진 꿈의 실천을 믿는 대목이다. 그러면서 문학과 삶의 관계에 대하여 다음과 같이 설명하고 있다.

"우리는 종종 글재주가 뛰어난 사람들을 존경하곤 한다. 그들의 글 안에서 스스로를 되돌아보기도 하고 과거를 회상하거나 미래를 그려보기도 한다. 그렇지만 누군가가 말했듯이 우린 항상 가장 중요한 것을 잊고 사는 것 같다. 현재를 살아가는 지금 우리의 발자취가 전부 시가 되고 글이 될 수 있는데도 불구하고 자신의 인생에 대해서도 늘 과소평가를 하곤 한다."고 말한다. 문학이 될 수 있는 중요한 글감을 놓치고 있다는 말이다. 결국 '하면 된다'는 노력의 부족을 한탄하고 있다. 이것만 봐도 다솜이는 문학적 성취를 위하여 자신을 무던히도 혹사하는 듯하다. 그러나 젊어서 밤을 새워 보지 못하면 진실을 알 수 없다는 말과 같이 무섭게 팔을 걷어 붙여야 성공할 수 있음도 깨우쳐야 한다.

글을 쓰기 위해서는 책을 읽어야 한다. "정말 읽어 보고 싶었던 책들을 하루 종일 읽어 보는 것도 결코 시간 낭비는 아닐 것이다. 머리를 차갑게 하는 데에만 쏟을 것이 아니라 가슴을 뜨겁게 만드는 데에도 정성을 기울여야 할 것이다." 라고 설파하고 있다. 젊은 사람치고는 야무진 생각이다.

인간의 삶에서 가장 중요한 것은 사랑이다. 그중에서도 가족에 대한 사랑이 으뜸이다. 가족은 부모와 아내, 그리고 자식을 말한다. 가족의 소중함을 깨달은 서예가 秋史(추사) 金正喜(김정희)는 세상에서 가장 존귀한 모임을 할아버지와 아버지, 그리고 아내와 자식들의 모임이라고 말했다. 그중에서도 부모에 대한 사랑은 이루 다 말로 표현할 수 없다.

"항상 가장 가까이에 있고 나라는 존재에 대해 무조건적인 이해와 사랑으로 답해 주는 사람은 누굴까? 바로 가족이다."란 첫머리로 시작되는 〈부모님의 사랑〉을 살펴보자.

"수능을 한 달 앞둔 시점에서도 그게 더욱 심해져 조금만 나의 불편한 감정을 건드리면 별것도 아닌 일에 눈물부터 쏟아내고 화부터 내는 상황이었다"고 스스로 고백하면서 부모님의 사랑을 이해할 수 없었다고 예를 들어 적고 있다. "내 주변도 상황은 마찬가지라 학교 자습실 앞에선 책과 간식거리를 싸가지고 찾아온 엄마에게 화를 내는 상황도 종종 볼 수 있었고 주말에 일찍 들어오라는 아빠의 전화에 화부터 벌컥 내는 친구들도 있었다"고 소개한다. 사춘기에 부모에 대한 반항을 빠짐 없이 기록하는 일은 진실성이 있기 때문이다.

뒷날 누가 보더라도 정상적이 아니라고 느낄 만한 것도 감추지 않고 모두 쓰고 있다는 것은 큰 반성이 있었기에 가능하다. 부모에 대한 진실한 사랑은 가족애를 깨달은 증거가 된다. A라는 친구의 아버지 장례식장에서 A의 아버지의 영정을 보고 "사진으로 처음 보게 된 아저씨의 얼굴은 너무 밝으셨고 그래서 더욱 슬펐다. 내려 놓은 국화꽃을 보며 이제 든든한 버팀목이 사라진 A를 저기 어디선가에서 지켜봐달라고 빌고 또 빌었다. 그리고 집으로 다시 돌아갈 때 A는 우리에게 진심이 담긴 눈으로 말했다. '부모님에게 잘 해. 정말 소중하고 또 소중한 건 가족이야.' A는 아마 기억할 거다. 아빠가 돌아가시기 며칠 전, 자신이 아빠에게 했던 모진 말들이, 그리고 그 말들은 평생 A의 가슴에 박혀 기억나겠지.", 이 한 마디 '부모님에게 잘해. 정말 소중하고 또 소중한 건 가족이야.' 이 말이 가슴에 다가와 울려 퍼졌다는 다솜이는 가족에 대한 사랑이 곧 부모에 대한 사랑임을 깨닫는다.

진정한 사랑은 자기를 초월한다. 나를 초월해야만 진정한 사랑이 꿈틀댄다. 진정한 사랑은 희생정신을 동반하게 된다. 때문에 사랑은 오늘이나 내일에만 필요한 게 아니라, 또한 한 시기만 필요한 것도 아니기 때문에 사랑 그 자체로만 필요한 것이다.

3. 눈물 다음에 행복

눈물은 사람의 진정성을 나타낸다. 슬픔가 기쁨, 모두를 나타낼 때, 그 절정에 눈물이 있다. 천국의 문은 기도에 대해선 닫혀 있어도 눈물에 대해서는 열려 있다고 이스라엘 사람들은 믿는다. 『탈무드』란 책에 쓰여 있기 때문이다.

눈물이 얼마나 중요한가? 독일의 시인 괴테는 눈물과 더불어 빵을 먹어 본 사람이 아니면 인생의 참맛을 모른다고 말하였다.

인체에서 밖으로 흘러나오는 눈물과 땀은 인간을 깊이 있고 지혜롭게 만든다. 눈물은 슬픔을 잊게 하고 기쁨을 두배로 키우는 일을 한다. 땀은 인생의 모든 번민을 없앤다. 그리고 눈물은 인생을 위로하고 땀은 인생에게 보수를 준다.

"울면 안돼. 울면 안돼. 산타 할아버지는 우는 아이에게 선물을 안 주신대~" 내가 어렸을 때부터 들었던 캐롤이다. 누가 작곡 · 작사한 노래인지는 모르지만 전국의 부모들은 아마 이 작곡가에게 고마움을 전해야 할 것이다. 그도 그럴 것이 이 노래로 떼를 부리며 우는 자녀들의 눈물을 쏙 들어가게 하지 않았는가." 눈물은 선물을 받겠다는 간절한 소망의 증표로도 쓰인다는 것을 다솜이는 분명하게 말하고 있다. 눈물의 쓰임새가 많음을 나타낸다.

또한 눈물이 현대인들을 위한 심리요법으로 다양하게 쓰이는 것도 소개하고 있다. '프라이멀 요법'으로 "인간의 감정의 초기 단계라고 할 수 있는 유아기의 고통을 다시 경험하게 함으로써 인간 내면의 상처를 치유하는 방법이라고 한다. 비틀즈 멤버 존 레논이 이 프라이멀 요법을 직접 경험한 후에 그의 유명한 노래 'Mother'를 만들었다는 이야기는 이미 유명하다"고 쓰고 있다.

앞서 말한 바와 같이 눈물과 더불어 빵을 먹어 본 사람이 아니면 인생의 참맛을 모른다는 말을 되새겨 보면 눈물을 흘린 사람이라야 행복의 맛도 알 수 있다는 결론에 도달한다. 눈물은 바로 고통이기 때문이다. 인생의 삶은 고통의 연속일 뿐, 고통을 말끔히 씻어낸 다음에야 행복이 찾아온다는 사실을 안다면 눈물과 고통이 인생의 삶에서 얼마나 중요한지 깨닫게 될 것이다.

다솜이는 〈여자라서 행복해요〉란 글에서 새 냉장고를 사고서 행복해하는 주부의 심리 상태와 행복은 예기치 않게 지나칠 수 있음을 강조한다. 이 세상에서 가장 행복지수가 높은 나라는 미국도 일본도 프랑스도 아니고 빈국 중의 하나인 방글라데시였음을 강조한다. "북유럽처럼 훌륭한 사회보장제도를 갖춘 나라의 시민들도 결코 행복하지 않았다. 세상에서 가장 행복지수가 높은 곳은 놀랍게도 최빈국 중 하나인 방글라데시였다"고 소개한다.

"가난한 나라 사람들이 더 행복한 이유는 무엇보다 인간이 너무 쉽게 더 좋은 것에 적응해 버리는 존재이기 때문이다. 몹시 더운 날, 부채밖에 없을 때는 선풍기의 바람 감지덕지하지만, 곧 에어컨이 생기면 이내 선풍기의 힘이 아무것도 아님을 알게 된다. 행복은 자연스럽게 또 아주 조용히 우리 곁을 지나가는 것이다."라고 말한다.

고통을 이겨내는 것만으로 행복한 상황에 봉착하지만 많은 사람들은 고차원적인 생활환경이나 아무리 써도 부족감이 없는 화폐 따위에서 행복을 찾는다. 그래서 진정한 행복을 스쳐 지나가게 됨을 다솜이는 이미 알고 있다. 현명한 생각이다.

"행복이 마음의 문제라면, 그것은 곧 자기 앞에 놓인 생을 어떻게 받아들이느냐의 문제일 것이다. 여자이기 때문에 행복하다, 새 냉장고가 여자의 행복이 아니라 오래된 냉장고에도 가족들이 즐거운 저녁 시간을 보낼 수 있다는 것에 행복함을 느낄 때 진정으로 대한민국 여자들의 행복지수가 높아지는 게 아닐까?" 이 글의 말미를 장식한 대목이다.

행복에 대한 정의에 해당된다. 신약성서 마태복음 5장 3절 부터 10절까지를 읽어 본 사람은 행복을 알 것이다. 마음이 가난한 사람은 행복하다. 하늘나라가 그들의 것이다. 슬퍼하는 사람도 행복하다. 그들도 위로를 받을 것이다. 온유한 사람은 행복하다. 그들은 땅을 차지할 것이다. 다솜이는 지금, 마태복음 5장의 세계에서 지혜를 갈고 닦으며 문학에 열중하는 모습을 보여 주고 있다.

이렇게 지혜롭게 살기 위해서는 반성하는 삶, 인생을 성찰하는 삶이 필요하다. 반성은 자기 자신의 마음과의 싸움이다. 이런 싸움이 없다면 후회하는 마음도 없기 때문에 스스로 마음을 살피거나 후회하는 일이 없다.

『논어』의 위령공편을 보면 자기 반성을 엄중히 하고 다른 사람 책임을 경하게 하면 남의 원망이 멀어진다고 되어 있다. 다솜이는 더글라스 셔크 감독에 의해 만들어진 영화 〈모방하는 삶〉이란 영화를 보고 주인공 사라의 눈물(반성하기 때문에) 때문에 자신을 돌아보는 일까지 생긴다. 이른바 반성이다. "지금 나의 삶도 누군가를 흉내내는 것이 아닌가, 결국 누군가를 모방하는 삶이 아닌가. 내가 원하는 공부가 아니라 입시라는 시험대에서 다른 사람을 따라가고 나의 꿈이라는 것도 사실은 진정 내가 원하는 게 아니라 성공한 사람들을 흉내 내는 것이 아닌가라는 생각이 들었다"고 말하고 있다. 반성을 지나 성찰의 경지에 이르렀다.

4. 자유, 그리고 왕따

인간의 삶은 자유의 가치를 구현하기 위하여 존재한다. 자유는 가치가 있는 행동을 실현함에 있어 외적 구속이나 장해가 없이 독립적으로, 마음대로 할 수 있어야만 이루어진다. 속박이나 방해가 있으면 자유는 자취를 감추게 된다. 반면 자유 실천의 전제는 반드시 가치 있는 행동, 사회나 국가가 공인하는 부분이 없다면 만용에 불과하다.

SBS에서 방영되는 '그것이 알고 싶다'를 보고 억압에 대한 부당성을 심도 있게 생각한 다솜이는 미국의 심리학자 스탠리 밀그램의 「징벌에 의한 학습효과」(1963)를 언급하면서 많은 사람들은 권위자의 지시를 따르는 것을 발견했고 그들은 "시켜서 한 것뿐이에요."라는 대답을 했단다. 사람들은 어째서 억압을 꿈꿀까?

"인간의 권위에 대한 복종 속성은 사회적 인간인 이상 누구에게나 나타나는 공통적인 현상이다. 현대사회 조직 또한 그것이 강하든 느슨하든 그 조직의 권위에 구속 받을 수밖에 없다. 조직으로 부터 벗어나는 것은 인간 생존에 위협이 다가올 수 있기 때문이다. 그래서 인간은 조직에 귀속되고 그 조직을 움직이는 이들로 부터 복종을 강요당하게 된다"고 원론적인 입장을 취하고 있다. 자유의 일시적 유보를 하면서까지 참고 견디는 이유를 이만큼 깊이 파악한 젊은이들이 얼마나 될까.

"사람들은 어째서 부당한 권위에 기꺼이 복종할까? 나치에게 철저히 유린 당했던 유럽에서 불과 몇십년만에 어떻게 극우정당들이 다시 힘을 얻을 수 있을까? 어째서 저소득층이 오히려 보수정당을

지지할까? 먼 나라 이야기가 아닌 바로 우리들의 이야기다." 이 대목은 보편적 현실에 대한 다솜이의 의견이다. 얼마나 진중한가?

'오래된 물건은 추억을 담고 있다'란 말로 글의 끝부분을 장식한 〈추억을 담고 있다〉란 글을 읽어 보자. "물건을 하나씩 꺼내면서 다시금 지난 날을 추억하게 됐다. 잊고 지냈더너 친구도 떠오르고 여행지에서 느꼈던 감정들이 새삼 다시 생각나기도 한다. 오래된 것들은 저마다 사연을 가지고 있다." 고 말한다. 사람은 누구나 과거가 있고 추억이 있다.

지나온 과거가 얼마나 그리웠기에 M. T. 키케로는 불행했던 지난 날의 추억은 감미롭다고 말했을까. 그뿐이랴, 단테는 『신곡』에서 행복했던 날을 그리워하는 것보다 더 큰 고통은 없다고 갈파했다. 아무튼 불행했던 과거나 행복했던 지난 날이나 모두가 사람에게는 소중한 추억일 뿐이다.

추억은 특히 글 쓰는 사람에게 있어서는 보석같이 소중하다. G. 모파상은 "농부가 씨를 뿌리듯 사람은 어디에나 추억의 씨를 뿌리는 중이다. 죽는 날까지 스러지지 않을 추억의 씨를 뿌리며 산다"고 말했다. 지나간 일을 돌이켜 생각하는 추억이야말로 사람에게는 중요한 일이다.

"다솜아 넌 뚱뚱하지 않다. 빨간 코트도 잘 어울려. 작은 아씨들에 나오는 셋째 딸 베스처럼 조용하고 내성적이었던 친구는 책도 많이 읽고 상대방의 마음을 감싸 주는 따뜻한 아이여서 내가 참 좋아했던 친구다. 그동안 잊고 지냈는데 친구가 써 준 편지를 읽으니 당시 기억이 새록새록 떠올랐다"는 기록만 보아도 다솜이는 글감을 추억에서 찾고 있음을 알 수 있다. 추억은 사람의 정신을 살찌우고 행동을 신중하게 만드는 모체가 되기도 한다.

"잊고 지냈던 친구와의 우정도, 오랜 친구와의 깊은 사연도 순수한 풋사랑의 추억도 상자엔 모두 담겨져 있다. 오래된 물건은 가만히 있어도 내게 말을 건네온다. 세월의 때와 함께 묻은 추억들은 신기한 힘을 가지고 있어 슬펐던 순간도 아름답게, 아름다웠던 순간을 더 아름답게 기억하게 만든다"고 말하는 다솜이의 글감 찾기가 추억을 아주 소중하게 여기는 이유가 된다.

"Left is right는 미국의 관광지에서 종종 발견할 수 있는 간판문구다. '왼쪽(좌편)이 옳다.', '왼쪽은 오른쪽이다' 등 여러 가지 말장난으로 해석할 수 있지만 사실 왼손잡이를 위한 상품들을 모아 판매하는 상점의 브랜드다. ……(중략)…… 어린 아이의 왼손을 묶어 놓고 오른손으로 밥을 먹게 하는 풍경이 전 세계적으로 동일하게 있었다는 사실이 21세기를 살아가는 나에겐 다소 충격적이다. 영어에서도 right는 오른쪽과 옳다라는 두 가지 의미로 사용된다."란 글을 보면서 왼손잡이의 비애를 느낀다. 왼손잡이는 선천적일까 아니면 후천적으로 되는 것일까. 왼손잡이는 삶의 일상에서 보면 신기하게 느껴지거나 아니면 정상적이 아니란 생각을 갖게 만든다. 그래서 남의 눈에 확실하게 띈다.

오바마 미국 대통령이 집무실에서 서명할 때 왼손에 펜을 쥐고 써나가는 것을 보고 놀라워한 때가 있었다. 한편 신기하기도 했다. 세계적 지도자가 왼손잡이란 사실을 알고부터. 오바마 대통령은 어려서 부터 왼손잡이를 고치지 않고 고집 부렸구나란 생각을 갖게 되었다. 우리나라에서는 왼손잡이가 사회적으로 대접을 못 받는다. 왼손잡이란 이유로 왕따를 당하는 경우도 있다.

“이제는 왼손잡이에 대한 곱지 않은 시선들이 많이 사라졌지만 아직도 대한민국의 많은 왼손잡이들은 자신들을 틀렸다고 말하는 사회에 큰 상처와 아픔을 받고 있다. 다수가 아닌 소수의 사람들, 즉 왼손잡이들을 배려할 수 있는 사회가 진정 발전하는 사회가 아닐까 하는 생각이 든다.” 왼손잡이에 대한 다솜이의 진정한 견해로 글을 마감하고 있는 것은 그만큼 애정이 깊다는 것을 나타내기도 한다.

〈우리와 너〉를 보자. 금붕어 세 마리 중 어울리지 않는 한 마리를 예로 들어 요즘 극성을 부리는 ‘왕따’에 대하여 설명하고 있다. 왕따는 협동사회, 성실하게 협조하는 사회에서는 있어서는 아니 될 금기된 장난이다.

“며칠 전 어머니가 금붕어를 사왔다. 세 마리였는데 어류는 보는 것도 먹는 것도 질색인 터라 하루에도 몇 번씩 어항이 놓인 자리를 지나가도 눈길 한 번 주지 않았다. 동생이 지나가는 말로 “한 명이 유독 못 어울리네.”라고 말하지 않았으면 자세히 들여다보지도 않았을 것이다. 수초와 모래, 작은 집까지 있어 나름 구색이 맞지만 사람의 눈에는 작은 어항에 불과하다.” 어항 속에서 자라는 세 마리 금붕어 중 한 마리가 어울리지 못하는 것을 들어 따돌림 당한다고 생각하는데 사실은 이 부분에서 문제가 있다. 따돌림을 당하는 게 아니라 스스로 어울리지 못한다면 왕따를 당하는 것은 아니기 때문이다. 사물을 보는 것은 시각에 따라 달리 해석할 수 있음을 작가들은 명확하게 알아야 할 부분이다.

다솜이는 왕따에 대하여 설명하면서 왕따란 단어가 있기 이전부터 왕따는 있었다고 말한다. "우습게도 아니 작은 물고기에게는 우습지 않은 세계였겠지만 나의 눈에 작디작았던 어항은 사회의 축소판이었다. 그 안에는 나름대로 공동체가 있었고 '우리'와 '너'가 존재했다. 여기서 말하는 '우리'와 '너'의 의미를 이해하려면 나의 학창시절 얘기로 잠시 건너가야 한다. '왕따'라는 단어가 등장하기 전에도 왕따는 존재했다. 내가 초 · 중 · 고등학교를 다닐 때도 새 학년이 시작될 때면 어김없이 한 반 구성원 모두의 놀림감이 되거나 무시를 당하는 소수의 아이들이 생겨나곤 했다."고 기억한다.

왕따는 따돌림에서 시작된다. 따돌림은 무시하거나 의도적으로 빼놓는 행위에서 출발한다. 때문에 협동사회, 성실사회에서는 있을 수 없는 일이다. "공동체 내부에서 폭력을 막기 위한 최선의 방법은 모두가 합심하여 하나의 희생양을 정하는 것이라고 프랑스의 문학평론가 르네 지라르는 냉소적으로 말했다." 는 구절을 이용하여 설명한다. "우리라는 범주 안에서 더욱 단단한 결속감을 다지기 위해 하나의 약한 대상을 정해 폭력을 휘두른다"는 르네 지라르의 말은 말도 안되는 소리로 규정한다. 그러면서 진정으로 왕따를 없애기 위해서는 가해자들을 개인적인 측면에서 자세히 살펴야 된다고 처방한다.

5. 맺으며

지금까지 다솜이의 글을 세 가지 유형으로 분류해서 살펴 보았다. 첫째는 문학과 삶이었고 둘째는 눈물 다음에 행복이란 주제로 글을 살폈으며 셋째는 자유, 그리고 왕따란 제목으로 이에 해당되는 좋은 예를 들어 언급했다. 그러나 모두가 사람의 삶을 증명하는 글로 누구나 주변에서 쉽게 찾을 수 있는 주제였다. 문학을 하는 사람들의 글감은 모두가 자신이 체험한 것들 중에서 가려 뽑아 글로 표현한다. 때문에 가장 많이 취급하는 글감은 사랑과 죽음이다.

이와 마찬가지로 다솜이도 본격적인 사랑과 죽음에 대하여 글쓰기 이전에 평범한 사람들이 보편적으로 체험하는 삶에 대한 일상과 기쁘고 슬픔에 따라 동반되는 눈물이나 고통을 이겨내고 얻어지는 행복에 관하여 일희일비하는 모양을 골라 쓰고 있다.

그다음으로 가치 있는 삶과 인간의 도덕적 · 윤리적 각성을 촉매하는 자유에 대한 동경, 또 집단사회에서 낙오하는 왕따에 대해서도 관심을 가진 것은 그만큼 다솜이가 성숙했음이 아니겠는가?

하여튼 좋은 글로 독자를 만나는 꾸준함은 뒷날 큰 문학가로 성장할 수 있는 잠재적 실력을 인정받는 일이란 사실을 알았으면 한다.

사랑

지은이 | 윤다솜
발행인 | 임수홍
편　집 | 맹신형
디자인 | 안성훈

초판 인쇄　2014년 9월　20일
초판 발행　2014년 9월　24일

펴낸곳 | 도서출판 국보
주　소 | 서울시 강동구 양재대로114길 32 2층
전　화 | 02-476-2757 / 476-7260
팩　스 | 02-476-2759
이메일 | kbmh11@hanmail.net
홈페이지 | http://cafe.daum.net/lsh19577

값 12,000원
ISBN　978-89-93533-82-8　03800

「이 도서의 국립중앙도서관 출판예정도서목록(CIP)은 서지정보유통지원시스템 홈페이지(http://seoji.nl.go.kr)와 국가자료공동목록시스템(http://www.nl.go.kr/kolisnet)에서 이용하실 수 있습니다.(CIP제어번호: CIP2014026922)」